LES

SEIGNEURS DE NOGENT-LE-ROI

ET LES ABBÉS DE COULOMBS

TYPOGRAPHIE DE H. FIRMIN DIDOT. — MESNIL (EURE).

LES

SEIGNEURS DE NOGENT-LE-ROI

ET

LES ABBÉS DE COULOMBS

SOUS LA DYNASTIE CAPÉTIENNE

D'APRÈS UN MANUSCRIT INÉDIT

DE L'ABBÉ DE SAHUGUET D'ESPAGNAC

Conseiller en la grand'chambre du Parlement, rapporteur des affaires de la Cour

Revu et publié

PAR M. MARRE

Inspecteur des Écoles

Chargé de la visite des Archives communales de l'arrondissement de Dreux

<table>
<tr><td>DREUX
CHEZ LACROIX ET LALLEMANT, LIBR.</td><td>NOGENT-LE-ROI
CHEZ LAVIGNE, LIBRAIRE</td></tr>
</table>

1861

AVANT-PROPOS.

Nogent-le-Roi est une petite ville de quinze cents
âmes environ, chef-lieu de canton de l'arrondissement
de Dreux ; elle est assise dans un gracieux vallon où
serpente l'Eure et que dominent de riants coteaux.
Les deux charmants villages de Lormaye et de Coulombs, qui en sont comme les faubourgs, ne semblent
former avec elle qu'une seule et même ville.

L'antique château de Nogent ne se dresse plus,
vaillant et superbe, au sommet du coteau qui des-
cend jusqu'au milieu de la ville ; quelques ruines seu-
lement éparses çà et là sont des témoins muets d'un
temps qui n'est plus. Le souvenir des hommes et des
faits qui ont illustré ce coin de terre historique s'est
évanoui de la mémoire même de ceux qui y vivent
aujourd'hui. C'est aux habitants de Nogent et du
pays nogentais que je dédie ces pages, empruntées
à un homme qui passa au milieu de leurs pères en
faisant le bien, et dont les restes mortels reposent aujourd'hui dans l'église de Coulombs.

LES

SEIGNEURS DE NOGENT-LE-ROI

ET LES ABBÉS DE COULOMBS

SOUS LA DYNASTIE CAPÉTIENNE.

I. **Hugues,** l'abbé, de 950 à 986.

Le comte Hugues, surnommé l'abbé, reçut la terre de Nogent et l'abbaye de Coulombs, qui en dépendait, du duc de France Hugues le Grand, père de Hugues Capet, qu'on surnommait aussi l'Abbé à cause des riches abbayes de Saint-Denis, de Saint-Germain des Prés et de Saint-Martin de Tours, qu'il possédait.

On croit que ce comte Hugues, le premier seigneur de Nogent dont le nom soit authentiquement connu, était fils de Thibault, second du nom, comte de Chartres, de Blois et de Tours, et qu'il est le même que Hugues, mort archevêque de Bourges en 986.

II. **Roger,** chancelier de France, puis évêque de Beauvais,
seigneur de Nogent, de 986 à 1022.

Le comte Hugues eut pour successeur, dans la terre de Nogent, Roger, son neveu, fils d'Eudes, premier du nom, comte de Chartres, de Blois et de Tours. Roger fut fait dans la suite chancelier de France (995), et évêque de Beauvais en 996, l'année de la mort de Hugues Capet. Lorsqu'il avait hérité de l'abbaye de Coulombs, il avait trouvé l'église et les bâtiments entièrement détruits. Il en entreprit la restauration. Il restitua à l'abbaye les biens existants de la fondation primitive, et il en ajouta plusieurs autres qu'il démembra de la glèbe de sa terre de Nogent. Il introduisit ensuite provisoirement dans l'abbaye des clercs séculiers pour y célébrer le service divin, jusqu'à ce que les circonstances pussent lui permettre de les faire remplacer par des moines. Il mourut le 23 juin 1022, avant d'avoir pu remplir entièrement ses pieux desseins, mais en chargeant Odolric, évêque d'Orléans, son neveu et son héritier, de l'exécution de ses projets.

III. **Odolric**, évêque d'Orléans, seigneur de Nogent, de 1022 à 1035 environ.

Odolric, évêque d'Orléans, héritier de Roger, était fils de Raymond, seigneur de Broyes et de Pithiviers, et d'Héloïse, sœur de Roger et fille de Eudes Ier, comté de Blois, de Chartres et de Tours. Il ne différa pas à remplir les intentions de son oncle. Il fit de nouvelles donations à l'abbaye, après y avoir installé des réguliers, tirés de l'abbaye de Marmoutiers, à la place des séculiers que Roger y avait mis provisoirement. Odolric avait obtenu du roi Robert une charte donnée publiquement à Paris l'an de l'incarnation de Notre-Seigneur 1028, souscrite de la main du roi, armée de son sceau, des seings de six évêques, du doyen de Sainte-Croix d'Orléans, de trente seigneurs et de la signature de Baudouin, chancelier, par laquelle ce prince avait confirmé les donations faites à l'abbaye par l'oncle et le neveu, et y avait ajouté plusieurs priviléges. Cette confirmation était nécessaire, non-seulement pour que l'autorité royale donnàt la stabilité à la restauration de l'abbaye, mais encore parce que la terre de Nogent, dont les biens donnés à l'abbaye de Coulombs par Roger et Odolric faisaient partie, était un bénéfice tenu immédiatement du roi, en sa qualité de duc de France.

Au nombre des seigneurs qui ont souscrit cette charte sont, entre autres : Eudes, comte de Champagne, Foulques, comte d'Anjou, Bouchard de Montmorency et Amaury de Montfort. Avec le donateur Odolric, avait souscrit Isambert, son frère, qualifié héritier du bénéfice de Nogent, et Hugues Bardulphe ou Bardoul, fils d'Isambert.

Odolric avait été fait évêque d'Orléans en 1021, et avait recueilli dans la succession de son père la terre de Pithiviers, et dans celle de son oncle Roger la terre de Nogent et l'abbaye de Coulombs.

Amaury, second du nom, seigneur de Montfort et d'Épernon, était vassal de la terre de Nogent', à raison du fief qu'il possédait dans la paroisse de Villemeux, faisant partie de cette même terre. Ce puissant vassal avait commis plusieurs injustices envers Odolric, son seigneur. Plus tard, frappé de repentir, il alla trouver le prélat et lui offrit telle réparation qu'il exigerait. L'évêque exigea qu'il aumônât à l'abbaye de Coulombs un alleu qui avait été donné en dot à Bertrade, épouse d'Amaury. Ce dernier, Bertrade son épouse et le père de celle-ci se conformèrent aux volontés d'Odolric.

Odolric mourut vers l'année 1035.

IV. Isambert, de 1035 à 1040.

Isambert, frère d'Odolric, était seigneur de Broyes près Sézanne-en-Brie; il succéda à Odolric dans les terres de Nogent et de Pithiviers.

On prétend que c'est par corruption du nom de ce seigneur que la ville de Nogent prit le surnom d'Érembert, qu'elle conserva jusqu'au quatorzième siècle; mais il est plus probable que ce surnom d'Érembert lui a été donné du nom d'un gouverneur ou capitaine-châtelain de Nogent, dont nous parlerons à l'article de Raoul III, seigneur de Nogent en 1150.

Isambert décéda vers l'année 1040, laissant Hugues Bardulphe, son fils, pour héritier de ses terres de Nogent, de Broyes et de Pithiviers.

V. Hugues Bardulphe ou Bardoul, seigneur de Nogent,
de 1040 à 1059.

Hugues Bardulphe avait une trentaine d'années lorsqu'il succéda à son père dans la seigneurie de Nogent. Il avait épousé Élisabeth, dame de Sours, et probablement fille de Thibault IV, comte de Chartres, de Blois et de Tours ; car la terre de Sours, près Chartres, était un démembrement de l'ancien comté de ce nom, et Élisabeth était de son chef propriétaire de ladite terre.

Notre Hugues ayant fortifié son château de Pithiviers, y fut assiégé par le roi Henri Ier. Le siége dura deux ans. Mais, forcé de rendre la place, faute de vivres, Hugues Bardulphe fut privé de tous ses honneurs, c'est-à-dire que les terres qu'il tenait du roi furent confisquées, et il fut banni du royaume. Cette confiscation est rappelée dans une charte par laquelle on voit que le roi Henri Ier était en possession de la terre de Nogent en 1044 ou environ, et qu'en qualité de seigneur de Nogent, il confirma la donation faite à l'abbaye de Coulombs de la terre de Charpont.

Cette guerre de Henri Ier avec Hugues Bardulphe était vraisemblablement une suite de celle que le roi avait eu à soutenir contre le prince Eudes, son frère, pour qui Thibault IV, comte de Chartres, de Blois et de Tours, et Galeran, comte de Meulan, avaient pris parti. Eudes avait été vaincu et fait prisonnier ; son frère l'avait fait renfermer à Orléans. Le comté de Meulan avait été confisqué sur Galeran en 1042 ; mais la prison du prince Eudes et la confiscation du comté de Meulan ne furent pas de longue durée, puisque au nombre des seigneurs qui, en 1044, ont apposé leur sceau à la confirmation faite par le roi Henri de la donation de Charpont à l'abbaye de Coulombs, figurent Eudes, frère du roi, et le comte Galeran. Ils étaient donc rentrés en grâce, et nous verrons dans un moment qu'en 1066, Hugues, fils de Galeran, était paisible possesseur de son comté de Meulan. *Les historiens se sont donc trompés en disant que Eudes demeura longtemps renfermé, et que le comté de Meulan fut réuni à la couronne.* Hugues Bardulphe obtint dans la suite le pardon de sa rébellion. Il est certain qu'il était rentré en possession de ses terres en 1048.

En cette même année 1048, le 8 octobre, ce fut à la

prière de Hugues Bardulphe et de l'abbé de Coulombs, que Théodoric, évêque de Chartres, concéda à la paroisse de Houdreville, dépendante de l'abbaye, le privilége d'exemption pour l'avenir de tous droits ecclésiastiques, que l'église de Houdreville était tenue de payer, et qui constituaient des charges onéreuses pour les habitants. Pareille exemption fut accordée, dix ans plus tard, aux églises de Saint-Aignan (de Senantes), et de Bouconville.

Dans les premiers temps que Hugues Bardulphe était seigneur de Nogent, un des vassaux de cette terre, appelé Gaston, fils de Raoul le Barbu, dont la postérité a formé la seconde race des seigneurs de Châteauneuf-en-Thimerais, avait aumôné à l'abbaye de Coulombs un fief appelé Charpont. Hugues Bardulphe avait confirmé ce don; mais le château et la terre de Nogent ayant passé peu de temps après dans les mains de Henri Ier, roi de France, qui les avait confisqués, comme nous l'avons vu, le donateur demanda au roi de ratifier la donation; ce à quoi Henri voulut bien consentir avec l'adhésion de tous les grands, à qui il appartenait d'y concourir; ce sont les termes de la charte. Au bas étaient les sceaux de trente-trois seigneurs, tous nommés par leurs noms, entre autres ceux du prince Eudes, frère du roi, du comte Thibault, d'Étienne son frère et du comte Galeran. La charte n'a point de date, mais elle est d'environ l'an 1044. Ce qui ne nous permet pas de lui donner une date postérieure, c'est qu'elle a été souscrite par Étienne, comte de Meaux et de Troyes, mort en ladite année 1044. Il est dit à la fin de cette charte qu'elle a été donnée solennellement à Saint-Léger, dans la forêt Yveline, et souscrite par Baudouin, chancelier. Il paraît que ces chartes n'étaient accordées que de l'avis du conseil de nos rois, des grands du royaume qui y assistaient, et que les résultats de ces conseils se prononçaient publiquement, lorsqu'ils avaient pour objet des intérêts particuliers.

Hugues Bardulphe accompagna le roi en une expédition contre le duc de Normandie, et y demeura prisonnier.

En 1058, il se trouva au siége de Châteauneuf-en-Thime-rais, fait par le roi Henri en personne, et mit son sceau avec d'autres seigneurs à une charte par laquelle le roi accordait à l'abbé de Saint-Germain des Prés l'église Saint-Martin de Dreux. Il fonda un prieuré en son château de Beaufort, et il en fit don à l'abbaye de Moutier-en-Der.

On a vu que la charte du roi Robert de 1028, et celle du roi Henri Ier, pour la terre de Charpont, de 1044 au plus tard, ont été munies, avec le sceau du roi, de ceux d'un grand nombre de seigneurs. M. le président Hénault et l'abbé Vély n'ont donc pas été fondés à dire que Philippe Ier est le premier de nos rois qui, pour autoriser ses chartes, les a fait souscrire par les grands officiers de la couronne.

Hugues, à l'exemple de Roger et d'Odolric, fit de grands dons à l'abbaye de Coulombs, entre autres de la terre de Villemeux. Il fit confirmer cette donation par le roi Henri. La charte est datée de Poissy, l'an 1059; Hugues y est qualifié de vassal du roi. Il y est dit, à la fin, que la charte a été accordée publiquement, que le roi l'a confirmée de sa propre main, et qu'il l'a fait corroborer par les mains de son épouse, de ses fils et de ses féaux. Elle est souscrite par Baudouin, chancelier.

Il y avait, dès cette époque, des droits imposés sur le débit du sel, puisque Hugues Bardulphe donna à l'abbaye la moitié de ceux qu'il faisait lever sur cette denrée.

Hugues avait eu de sa femme Élisabeth deux fils et une fille. Les deux fils s'appelaient l'un Geoffroy et l'autre Hugues. Ils ont ratifié la donation faite à l'abbaye par leur père, de la terre de Villemeux et de la moitié de l'impôt qui était perçu à Nogent sur le pain et sur le sel. Ils étaient l'un et l'autre fort jeunes alors, puisque au nombre des témoins est un nommé Gaulinus, instituteur de Geoffroy.

La fille, ainsi que sa mère, portait le nom d'Élisabeth. Elle fut mariée, vers l'année 1055, avec Simon de Montfort, fils d'Amaury, second du nom, qui a apposé son sceau à la charte du roi Robert en l'année 1028.

Hugues Bardulphe mourut vers la fin de l'année 1059.

Le Père Anselme s'est trompé en lui donnant un fils appelé Barthélemy, qui continua la maison de Broyes. Ce Barthélemy était vraisemblablement fils d'un frère de Hugues Bardulphe.

Dans ces temps-là, les lois étaient sans force, chaque seigneur prétendant être législateur dans sa seigneurie. La violence décidait tous les différends. Je trouve dans les cartulaires de Coulombs plusieurs chartes, dans lesquelles on lit que des seigneurs du voisinage ont exposé aux abbés qu'à cause des hostilités, ils n'ont plus de cultivateurs dans leurs terres, et qu'elles ne forment qu'un désert; que réduits eux-mêmes à la plus profonde misère, ils suppliaient les abbés de leur fournir des colons et de faire construire des habitations pour loger ces cultivateurs; que, pour dédommagement, ces seigneurs cédaient à l'abbaye les dîmes des héritages qui seraient mis en valeur. Les vexations étaient poussées à un tel excès que quelques-uns des plus pauvres de la noblesse, pour s'assurer la subsistance, faisaient à l'abbaye une cession de leurs fiefs et s'en rendaient les domestiques.

Les biens des monastères étaient plus ménagés, parce que indépendamment de ce que les moines ne faisaient la guerre à personne, leurs possessions jouissaient du privilége appelé *de chrétienté.* Ceux qui osaient le violer étaient soumis à l'anathème, et l'arme de l'excommunication était alors la plus redoutable de toutes. La seule autorité respectée était celle de l'Église. Nos historiens ont célébré les exploits guerriers des gentilshommes normands en Italie et la victoire qu'ils remportèrent en 1050 sur le pape Léon IX, qu'ils firent prisonnier. La noblesse des environs de la ville de Dreux avait pris part à ces expéditions. Une charte nous apprend qu'on y accourait en foule, et qu'un chevalier n'ayant pas l'argent nécessaire pour faire ce voyage, vendit à l'abbaye de Coulombs une dîme pour subvenir à cette dépense.

VI. Geoffroy et **Hugues,** seigneurs de Nogent l'un après l'autre, dans l'intervalle de 1059 à 1060, et décédés sans postérité.

Les deux fils de Hugues Bardulphe, Geoffroy et Hugues, ont successivement possédé la terre de Nogent. Mais ils moururent l'un et l'autre dans un court intervalle de temps sans avoir été mariés. Leur sœur Élisabeth, épouse de Simon de Montfort, fut leur héritière. Elle se mit en possession de la terre de Nogent, et sa postérité en a joui longtemps après elle. Il paraît qu'alors les filles d'un défunt ne concouraient pas avec les mâles pour le partage des fiefs.

VII. Elisabeth de Broyes, dame de Nogent, et **Simon de Montfort,** son époux, de 1060 à 1062.

La terre de Charpont avait été donnée à l'abbaye de Coulombs vers l'année 1043 ; mais Richard, seigneur de Saint-André de la Marche, neveu de Galeran, comte de Meulan, et de la bienheureuse Helvise, morte à Coulombs en odeur de sainteté, était propriétaire de l'église et des dîmes de Charpont, avec des héritages situés dans la même paroisse, du labour d'une charrue. Il en fit une donation à l'abbaye environ l'année 1060. Élisabeth de Broyes et Simon de Montfort, son époux, de qui les objets donnés étaient tenus en fief à cause de leur terre de Nogent, confirmèrent cette donation. Au nombre des témoins est Robert, frère du donateur. Ce Robert est devenu dans la suite abbé de Coulombs, vers la fin de l'année 1063. La charte est donc d'environ 1060 ou 1061.

Élisabeth jouit peu de temps de la terre de Nogent. Elle laissa en mourant deux enfants mineurs, un fils et une fille ; le fils appelé Amaury comme son aïeul paternel, et la fille Élisabeth ainsi que sa mère.

Simon eut la garde-noble de ses enfants, et il la conserva jusqu'à ce que Amaury, son fils, eût atteint la majorité coutumière, quoiqu'il eût convolé à de secondes noces avec Agnès, fille du comte d'Évreux. L'auteur de l'*Histoire d'Évreux* fait remonter ce second mariage de Simon à l'année 1058 ; mais c'est une erreur.

VIII. Simon de Montfort, gardien-noble de la terre de Nogent, de 1062 à 1080 environ.

Simon de Montfort, gendre de Hugues Bardulphe, eut l'administration de la terre de Nogent pendant la minorité d'Amaury, son fils, à qui la terre appartenait du chef de sa mère. Pendant son administration Simon apposa son sceau, en l'année 1066, à la donation faite par Hugues, comte de Meulan, à l'abbaye de Coulombs, de l'île Saint-Côme, aujourd'hui l'île Bel. Cette donation est datée de Coulombs, lorsque la guerre commune se faisait par Robert, évêque de Chartres, contre le château de Nogent. La plupart des seigneurs du diocèse, Simon de Montfort avec eux, étaient de cette expédition, et marchaient sous la bannière du prélat. La charte ne nous apprend pas les motifs de cette guerre ; mais les circonstances que l'évêque commandait l'armée, que Simon se trouvait dans cette armée, nous donnent lieu de conjecturer que quelque seigneur voisin, tel que celui de Châteauneuf, s'était emparé du château de Nogent, et que l'évêque, pour en procurer la restitution au légitime propriétaire, avait convoqué ceux qui s'étaient enrôlés dans la confédération appelée la confrérie de Dieu. L'événement de cette guerre fut favorable à Simon : il rentra en possession de la seigneurie de Nogent.

Il donna à l'abbaye de Coulombs la dîme du produit du marché et du péage qu'il percevait à Nogent. Il fit confirmer ce don par Amaury, son fils, et Élisabeth, sa fille. On voit par la charte de donation que lorsque les seigneurs de Nogent, fondateurs ou restaurateurs de l'abbaye, venaient à Coulombs, les moines allaient au-devant d'eux en procession pour les recevoir ; par une autre charte, on voit que les moines étaient obligés de leur donner des repas, ainsi qu'à leurs prévôts.

Simon maria sa fille Élisabeth, en 1077, à Raoul de Toësny, surnommé le Vieux, seigneur de Conches. Ce Raoul était grand porte-étendard héréditaire de Normandie. Il descendait d'un oncle de Rollon, premier duc de cette province, et il était fils de Roger, fondateur de l'abbaye de Conches.

Simon de Montfort mourut en 1087, et fut enterré dans le cimetière de l'église de Saint-Thomas de la ville d'Épernon, dont il était seigneur.

Gaston, seigneur de Châteauneuf, ayant confisqué sur Matthieu d'Anet et ses frères, sous des prétextes frivoles, un fief situé dans l'étendue de son comté et dans la paroisse du Boulay-des-deux-Églises, voulut le donner à l'abbaye de Coulombs, qu'il aimait, et à laquelle il avait déjà fait de grands biens; mais l'abbé Robert (il était frère de Richard, seigneur de Saint-André de la Marche) et les religieux, considérant, dit la charte, qu'une pareille oblation n'était pas légitime, et que, provenant de rapine, elle ne pouvait être agréable à Dieu, ils en payèrent la valeur à Matthieu d'Anet et à ses frères. (Ce fait eut lieu dans l'intervalle de 1063 à 1078.)

Vers l'an 1079, Simon de Montfort et Amaury, son fils, rendirent un jugement au profit de l'abbaye de Coulombs contre les religieuses de Villemeux. Voici le résumé de cette affaire. Hugues Bardulphe avait donné à l'abbaye de Coulombs l'église et la terre de Villemeux. Il arriva peu de temps après qu'Élisabeth, épouse de Hugues Bardulphe, conçut le dessein de se faire religieuse et de construire une abbaye de filles. Son mari approuva le projet. Il s'agissait de trouver un lieu convenable à cet établissement. Élisabeth désira de le former à Villemeux, sur les biens donnés à l'abbaye de Coulombs par son époux. Elle l'engagea à demander aux moines de lui abandonner pour le temps qu'elle vivrait la jouissance de la terre de Villemeux. Les moines, qui craignaient les suites d'une pareille cession, n'y consentirent qu'avec peine, quoiqu'on leur accordât un dédommagement; car Élisabeth, autorisée de son mari, fit une donation à l'abbaye de la terre de Sours, près la ville de Chartres, qu'elle avait recueillie dans la succession de son père. S'étant mise en la possession de Villemeux, elle y fit édifier son monastère sous l'invocation de saint Avit, et elle y prit ensuite le voile avec plusieurs dames ou damoiselles. Ce que les moines avaient craint ne tarda pas à arriver. Hugues Bardulphe, ses deux fils et sa fille étant décédés, Élisabeth et ses religieuses crurent la circonstance favorable pour assurer à leur monastère la terre de Villemeux. Élisabeth députa à Simon de Montfort, administrateur de la terre de Nogent pour son fils Amaury, encore mineur, une jeune religieuse qui était sa cousine, dans l'espoir qu'elle obtiendrait de lui la concession à perpétuité de la terre de Villemeux. Simon, qui ignorait que les religieuses n'en devaient jouir que pendant la vie d'Elisabeth, accorda volontiers la grâce qui lui avait été demandée. Les moines en étant informés firent leurs réclamations, et nonobstant toutes les ruses employées par la jeune religieuse, Simon de Montfort voulut que les prétentions respectives fussent judiciairement examinées et discutées. Simon indiqua un jour pour entendre contradictoirement les parties à Coulombs, où l'abbesse et la jeune religieuse se rendirent. L'abbé Thibault y comparut. Simon de Montfort et Amaury, son fils, tinrent leur plaid. Les parties exposèrent leurs moyens devant une multitude de personnes qui assistaient à la plaidoirie. L'abbé soutint que Villemeux n'avait été cédé que pour la vie d'Élisabeth, et qu'après son décès l'abbaye devait en recouvrer la possession. Il fit entendre les témoins, qui firent leurs dépositions, en *observant les formes introduites par les lois* (porte la charte). Personne n'osa les contredire, et en conséquence Simon et Amaury prononcèrent en faveur de l'abbaye de Coulombs. Ils se rendirent ensuite au chapitre de l'abbaye, et là ils confirmèrent la donation faite par Bardulphe. Simon et Amaury demandèrent pourtant à l'abbé et aux moines de Coulombs de prolonger l'usufruit accordé à Élisabeth jusqu'après le décès de la religieuse, leur parente, qui avait extorqué la promesse de Simon de Montfort, ce que les moines n'osèrent pas refuser. Mais les religieuses ne profitèrent pas longtemps de cette faveur.

A Coulombs il existait alors un monastère dit de Saint-Chéron, habité par des religieuses qui étaient placées sous la direction des moines. On voit dans les cartulaires de l'abbaye que plusieurs dames de qualité se faisaient recevoir sœurs, et se soumettaient à pratiquer la règle suivie dans l'abbaye. Ce monastère subsistait encore environ un siècle après.

IX. **Amaury de Montfort**, seigneur de Nogent, de 1080 à 1090.

C'est vers l'année 1080 qu'Amaury parvint à la majorité coutumière, et que son père le mit en possession de la terre de Nogent. Un de ses premiers actes fut de chasser de Villemeux la jeune abbesse, sa parente, qui avait succédé à son aïeule Élisabeth, et les religieuses ses compagnes, et de remettre la terre aux moines de Coulombs. Cette restitution se fit à la fin de l'année 1082. Les religieuses se pourvurent alors à la justice ecclésiastique. Le procès ne fut jugé que soixante-neuf ans après.

C'est vers l'année 1080 qu'une transaction fut passée entre l'abbaye de Thiron et l'abbaye de Coulombs pour le bornage des dîmes que les deux abbayes possédaient dans la paroisse de Ver près Dreux; il y est stipulé que les deux dîmeries auront pour bornes de séparation le chemin royal et commun. La dénomination de chemin royal ne pouvait être donnée alors qu'à un chemin dans le domaine du roi. En 1087, Hervé de Montmorency, seigneur de Marly, et Agnès son épouse donnèrent à l'abbaye de Coulombs l'église de Marly, faisant partie des biens patrimoniaux d'Hervé, et deux arpents de terre pour y construire une seconde église, avec permission à leurs hommes, serfs ou libres, bourgeois ou chevaliers, de donner à l'abbaye telle portion de leurs biens qu'ils jugeraient à propos pour subvenir à cette construction. Deux ou trois ans après, vers

1089 ou le commencement de 1090, l'abbé de Coulombs
passa un traité avec le chapitre de Dreux, par lequel, après
une société de prières entre eux, ils convinrent également
que les deux chapitres jouiraient en commun des revenus
qu'ils avaient à Marville. Il est dit dans la charte que, pour
rendre le traité stable, le roi Philippe, dans la seigneurie
duquel est l'église de Saint-Étienne, l'a confirmé. La ville
de Dreux était un ancien domaine des ducs de France,
ancêtres de Hugues Capet. Les ducs de France y avaient
fondé un chapitre dont l'établissement remonte à la plus
haute antiquité. Odon, évêque de Chartres, donna en l'an
980, aux chanoines de Saint-Étienne de Dreux, deux autels
(c'est-à-dire deux paroisses), celle de Marville et celle de
Cherizi; le roi Lothaire confirma cette donation du commun consentement de ses fidèles. Nos premiers rois faisaient battre monnaie à Dreux, et dans l'an 1093, sous le
règne de Philippe 1er, je trouve des payements faits par
l'abbaye de Coulombs en monnaie de Dreux. *Cette ville
jouissait dès lors du droit de commune, et avait un sceau
qui lui était propre.*

Amaury ne jouit qu'environ dix ans de sa terre de Nogent. Il fut blessé d'un coup de lance, en 1090, devant le
château d'Ivry, et mourut le même jour de sa blessure, sans
laisser de postérité. A Ivry, il y avait alors une abbaye dans
la dépendance de celle de Coulombs; elle avait été fondée
en 1071, et Guillaume, roi d'Angleterre et duc de Normandie, avait confirmé cette disposition de la fondation, qui
ordonnait qu'elle serait sous la dépendance de Coulombs,
tant que les observances de Cluny et de Marmoutiers y seraient observées.

X. **Elisabeth de Montfort** et **Raoul de Toësny**, premier du
    nom, son époux, surnommé *le Vieux*, seigneurs de Nogent, de
    1090 à 1112.

La mort d'Amaury de Montfort sans enfants fit passer la
propriété de la terre de Nogent à Élisabeth, sa sœur, épouse

de Raoul de Toësny. Raoul avait aidé le duc Guillaume, en 1066, à conquérir l'Angleterre. Guillaume l'avait gratifié de terres considérables dans ce royaume, et notamment du comté de Leicester.

Raoul et son épouse Élisabeth autorisèrent, en 1095 ou 1096, une donation faite à l'abbaye de Coulombs par Hugues, fils d'Avesgold, leur vassal, d'une terre au Boulay-des-deux-Églises, et d'un droit de pêche dans la rivière d'Eure à Nogent et à Villemeux. Raoul le jeune, leur fils, approuva aussi la donation. Ce même Hugues, fils d'Avesgold, donna en même temps à l'abbaye deux chandeliers d'argent.

Raoul le Vieux mourut à Conches, le 24 avril 1102, et fut enterré dans le chapitre de l'abbaye dudit lieu. Il laissa pour héritier Raoul, son fils, surnommé le Jeune.

Au temps où Raoul le Vieux vivait encore, Baldéric, connétable du roi Philippe Ier, étant malade, donna à l'abbaye la terre du Boulay-des-deux-Églises. Ce Baldéric était, originairement, un des chevaliers du château de Dreux, et conséquemment un des vassaux immédiats du roi. Parvenu à la dignité de connétable, il avait souscrit en cette qualité, en 1065, une charte en faveur de Saint-Germain des Prés. Il avait assisté, en 1067, à la dédicace de Saint-Martin des Champs.

Il se fit revêtir pendant sa maladie d'un froc monastique, suivant l'usage du temps; mais étant relevé de cette maladie, il embrassa l'état religieux dans l'abbaye de Coulombs, pour (dit la charte) *combattre à l'avenir avec le diable*. La donation faite par Baldéric fut confirmée plus tard par ses enfants.

Élisabeth, veuve de Raoul le Vieux, survécut plusieurs années à son époux. Pendant son veuvage, elle donna à l'abbaye de Coulombs une terre en Angleterre, et fit ratifier la donation par Raoul de Toësny, son fils, par Adèle, épouse de ce dernier, par Roger et Hugues, leurs fils, petits-fils de la donatrice, et par leurs sœurs, ses petites-filles. Il est dit dans le préambule de la charte que les prédécesseurs d'Élisabeth ont fondé et doté l'abbaye, et que c'est pour participer aux bonnes œuvres de ses pères qu'Élisabeth a fait la présente donation. La donatrice, son fils et l'épouse de celui-ci apposèrent leur sceau à la charte, qu'Élisabeth fit confirmer par Henri Ier, roi d'Angleterre. La charte, donnée à Rouen, n'a point de date.

Élisabeth, dame de Nogent, est nommée comme témoin dans une transaction passée, en 1105 ou 1106, entre l'abbaye de Coulombs et l'héritier de Hugues, fils d'Avesgold.

Nous avons vu que les religieuses de Villemeux, chassées par Amaury de Montfort, en 1082, en avaient appelé à l'évêque. Le célèbre Yves, qui occupait le siége de Chartres, entendit les parties. Les religieuses produisirent des chartes de donation du lieu de Villemeux, et une charte de confirmation accordée par le roi. Mais, par une sentence du 8 des calendes de septembre 1107, ces titres furent déclarés faux et supposés. Les moines de Coulombs furent maintenus dans leur possession. Les religieuses en appelèrent au pape; mais la sentence de l'évêque fut confirmée dans la suite par une bulle d'Eugène III, du 7 des ides d'octobre 1148.

Élisabeth, vers l'année 1112, se fit religieuse au monastère de Hautes-Bruyères, de l'ordre de Fontevrault, et Raoul le Jeune, son fils, devint propriétaire de la terre de Nogent.

Il y avait alors des juifs établis à Nogent, trafiquant et prêtant à usure. Leurs meubles, ainsi que leurs personnes, appartenaient au seigneur, qui en tirait de grands profits. Un seigneur, voisin de l'abbaye de Coulombs, et assez puissant pour qu'on n'ait osé le nommer, y emprunta, sous je ne sais quel prétexte, un calice d'or d'une valeur de plus de 60 livres, qui, à 20 sols le marc d'argent, faisaient soixante marcs ou 2,880 livres de notre monnaie. Il le vendit aux juifs de Nogent une somme de 30 livres. Les moines supportèrent cette perte sans oser se plaindre; mais ce seigneur, étant dans la suite tombé malade, voulut réparer son crime. Il donna en payement à l'abbaye un bien de la même valeur que le calice. La charte de cette donation n'a point de date. Au nombre des témoins sont saint Anselme, abbé du Bec, mort en 1109, et Sulpice, prieur de Coulombs, le même vraisemblablement qui, dans ces temps-là, fut tiré de Coulombs pour être abbé de Conches.

A environ trois quarts de lieue de la ville de Nogent et à demi-lieue de l'abbaye de Coulombs sont le village et la terre de Senantes. On voit, par des chartes des onzième, douzième et treizième siècles, qu'il y avait deux paroisses à Senantes, celle de Saint-Aignan et celle de Saint-Pierre. La paroisse de Saint-Aignan avait été donnée à l'abbaye de Coulombs par Roger, évêque de Beauvais. Plus tard, vers 1103, Nivard de Senantes, du consentement d'Yves, évêque de Chartres, son seigneur, donna à l'abbaye l'église de Saint-Pierre de Senantes, et partie de la terre de ce nom.

On a lieu de croire que ce village a été anciennement une ville considérable.

L'église de Saint-Aignan, dont j'ai trouvé les fondations, était située dans un hameau appelé le Petit-Coudray, aujourd'hui éloigné d'un quart de lieue du village de Senantes, mais qui se trouvait alors dans l'enceinte de l'ancienne ville de ce nom. Il y a un endroit du village qu'on appelle encore aujourd'hui la porte de la ville. J'ai découvert à Senantes un ancien grand chemin qui est disparu depuis. Il est pavé à une certaine profondeur ; il conduisait dans la province de Normandie et passait par Ivry. C'est un titre du milieu du quinzième siècle, où ce chemin est rappelé comme confin, qui me l'a indiqué, et où il est dit conduire à Ivry. On trouve dans les champs entre Senantes et le Petit-Coudray plusieurs anciennes fondations de murs et une quantité considérable des médailles des empereurs romains ; j'en ai ramassé un grand nombre. En faisant fouiller au mois d'octobre, en 1769, dans les terres au-dessous du village, j'y ai fait la découverte de grandes briques, de pavés, de pierres de liais et plusieurs restes de pavés de marbre blanc, que les marbriers de Paris m'ont certifié être des marbres d'Italie. L'auteur des *Essais sur Paris*, tome 2, p. 61, 62 et 63, observe que l'ancien mot celtique *senans* signifie *prophètes, devins;* ainsi la dénomination de Senantes signifierait *la demeure des prophètes*. Ce que cet auteur rapporte dans l'article Senantes, de la découverte d'une chambre en carré sous terre, pavée à la mosaïque en petites pièces de rapport, m'a été confirmé par des témoins oculaires. On y trouva des pots entiers de porcelaine. J'en ai fait la recherche chez un fermier qui les avait portés chez lui; mais ils avaient été cassés et les débris dispersés. César dit dans ses Commentaires, *De bello gallico*, liv. vi, que le principal collége des Druides était sur les confins du pays chartrain. Ce collége était situé au milieu d'une forêt, et les assemblées générales des peuples de la Gaule s'y tenaient ordinairement par députés. Il y a encore près du village de Senantes un bois appelé le bois du Thuylay. La position de Senantes sur les confins du pays chartrain, dans le voisinage d'une forêt, les vestiges qui restent de son ancienne extension et de sa magnificence, font présumer que c'est dans ce lieu qu'était le grand collége des Druides, dont César parle dans ses Commentaires.

XI. **Raoul de Toësny,** second du nom, surnommé le *Jeune,* seigneur de Nogent et de Conches, de 1112 a 1120.

Raoul de Toësny, surnommé le Jeune, avait passé en Angleterre peu de temps après la mort de son père. Le roi Henri Ier lui avait fait épouser, en 1103, Adèle de Hastingdon, petite-nièce, par sa mère, du roi Guillaume. De ce mariage vinrent deux fils, Roger et Hugues, et plusieurs filles.

Raoul établit le droit de minage dans le marché de la ville de Nogent. Il en donna la dîme à l'abbaye de Coulombs, et l'exempta du payement de ce nouveau droit. Il autorisa les moines à continuer d'user à Nogent, tous les jours de la semaine, de la mesure de leur abbaye; il dispensa leurs censitaires de contribuer aux fortifications de

son château et de l'accompagner dans les expéditions mili-
taires qu'il entreprendrait.

Vers 1112 l'abbaye de Coulombs eut un procès à soutenir
au sujet de la terre de Levâville, qui avait été concédée à
titre précaire à un seigneur, pour en jouir pendant sa vie.
Le fils, après le décès de son père, voulut se perpétuer
dans cette jouissance. La contestation fut portée devant
Thibault, comte de Chartres, cinquième du nom, seigneur
suzerain de la terre, devant Adèle, sa mère, qui était sa tu-
trice, et devant la cour du comte. Les parties, après les premières plaidoiries, s'arrangèrent à l'amiable.

Les questions féodales étaient d'abord portées à la cour
du seigneur immédiat, ensuite elles allaient à la cour du
suzerain, laquelle était composée de ses vassaux et entendait publiquement les dépositions des témoins.

L'opinion commune est que Louis le Gros, roi de France
de 1108 à 1137, est le créateur des communes. C'est une
erreur : Louis le Gros peut avoir multiplié les communes,
mais il n'en est pas l'auteur. *Dès l'année 1092, seize années
avant que ce roi parvînt au trône, la ville de Dreux formait
une communauté et avait un sceau qui lui était propre. Il
est fait mention dans l'ancien inventaire de Coulombs,
(art. Dreux, f° 357, R°) d'une charte de ladite année, passée sous le sceau de la communauté et de la bourgeoisie de
Dreux.* Je trouve que, dès le milieu du douzième siècle, il y
avait des bourgeois à Nogent et à Coulombs, qui même
possédaient des fiefs ; et qu'on traitait avec des habitants
de la campagne comme avec des personnes libres.

. Vers 1115 l'église de Boutigny et les dîmes y annexées furent données à l'abbaye de Coulombs, par un seigneur qui
les possédait par droit héréditaire. A la même époque un
gentilhomme de Nogent contesta la donation faite d'un
héritage à l'abbaye. Les moines firent entendre plusieurs
témoins. La partie récusa. Les moines firent choix d'un des
témoins, qui s'arma pour soutenir par le duel la vérité de
la donation. Mais les chevaliers qui tenaient le parti de
l'adversaire des moines lui persuadèrent de ne point se

commettre avec le champion de la bienheureuse Vierge (l'abbaye a pour patronne la sainte Vierge). Le gentilhomme abandonna sa prétention, au moyen de ce que les moines lui donnèrent 5 sols, et lui promirent de l'ensevelir après son décès. Les 5 sols, à raison de 20 sols le marc d'argent, faisaient 12 livres de notre monnaie.

Raoul le Jeune mourut vers l'année 1120, et fut enterré dans le chapitre de l'église de Conches.

XII. **Roger de Toësny,** seigneur de Conches et de Nogent, second du nom, de 1120 à 1150.

Roger, fils aîné de Raoul de Toësny, avait épousé Gertrude, fille de Baudouin III, comte de Hainault. Il recueillit dans la succession de son père les terres de Nogent et de Conches. Ce Roger commença par commettre de grandes vexations contre l'abbaye de Coulombs; mais, touché ensuite de repentir, il donna à l'abbaye deux rentes annuelles, une de cent livres de fer, et l'autre de trois cents bûches. J'ignore sur quoi était assignée la rente de cent livres de fer; c'était sans doute sur les droits qu'il percevait lorsqu'on vendait du fer dans sa terre; il n'y a point de mines de fer dans les environs de Nogent.

Nous avons de lui une charte dans laquelle il s'intitule : seigneur de Nogent, *par la grâce de Dieu.* Il y déclare que ses ancêtres ont décoré l'abbaye de Coulombs de plusieurs droits honorifiques et l'ont richement dotée. Il fait l'énumération des libéralités de ses pères, et ajoute que ni lui, ses héritiers et successeurs, ni leurs prévôts, ne pourront à l'avenir exiger de l'abbaye aucun repas. Il fit ratifier cette charte par son épouse et leurs enfants.

Roger se rendit recommandable par sa valeur. Durant les premières années d'Étienne de Champagne, roi d'Angleterre, il eut à défendre sa terre de Nogent contre Hugues, premier du nom, seigneur de Châteauneuf, qui, lui ayant déclaré la guerre, vint faire le siége du château de Nogent. Guillaume de Mauvoisin, seigneur de Rosny, joignit ses troupes à celles de Hugues. Le succès ne répondit pas aux espérances des assaillants : Guillaume fut blessé à mort, et Hugues obligé de lever le siège. Guillaume fut porté à l'abbaye de Coulombs, où il prit l'habit monastique, résolu à faire pénitence le reste de ses jours, s'il plaisait à Dieu de les lui conserver. Il fit vœu en même temps de construire une église à Mantes en l'honneur de sainte Marie-Magdeleine, espérant que le roi et l'évêque de Chartres lui en accorderaient la permission. Il fut traité de sa blessure avec un succès apparent par Balduin, médecin (dit la charte) très-expert et très-renommé pour la guérison des blessures. Aussitôt qu'il fut convalescent, ses parents lui proposèrent de le transporter à Chartres, lui faisant espérer qu'il y trouverait plus facilement qu'à Coulombs les secours que réclamait son état. Guillaume se laissa persuader : il quitta le froc monacal ; il revêtit l'habit et l'armure des chevaliers, monta à cheval, et ressentit quelques douleurs en prenant son bouclier. Arrivé à Chartres à l'abbaye de Saint-Père, il se trouva très-mal. Sa première attention fut de demander qu'on le revêtit de l'habit monastique, dans lequel il mourut le même jour. Son corps fut reporté à Coulombs, où il fut inhumé dans le cloître. Samson, son frère, alors prévôt dans l'église de Chartres, et depuis archevêque de Reims, pour acquitter le vœu du défunt, fit construire en 1133 l'église de la Madeleine, dans la ville de Mantes, à laquelle était attaché le titre d'un prieuré dépendant de Coulombs.

Il y eut en 1140 une grande famine. Le setier de blé coûtait 40 sols à Coulombs ; en supposant le marc d'argent à 25 sols comme du temps de Philippe-Auguste, fils de Louis le Jeune, ces quarante sols faisaient un marc et les trois cinquièmes d'un marc d'argent, ou 76 livres de notre monnaie. Le même setier de blé ne coûtait que 8 sols en 1172.

Une assemblée des croisés, tenue à Chartres en 1146, prévenue que saint Bernard faisait des miracles et que l'armée serait invincible s'il était à la tête, lui en offrit le généralat; mais saint Bernard eut la prudence de ne pas accepter cette offre. L'armée partit en 1147 pour la deuxième croisade, sous le commandement du roi, qu'accompagnaient une foule de seigneurs, et entre autres Robert, comte de Dreux, son frère. Thibault de Montmorency, frère de Matthieu, connétable de France, périt vraisemblablement dans cette expédition. Le connétable avait, par une charte de 1147, souscrite par son épouse Adélicie, ratifié toutes les donations faites par Hervé, son aïeul, à l'abbaye de Coulombs, de l'église de Marly près Saint-Germain en Laye; il les avait même augmentées et s'était engagé à faire confirmer le tout par son frère Thibault, dans le délai de trois ou quatre mois, à son retour de Jérusalem; mais l'histoire de la maison de Montmorency ne faisant aucune mention de ce Thibault, il n'y a pas de doute qu'il n'ait été tué, ou qu'il ne soit mort de maladie dans cette désastreuse entreprise. Dans cette charte, le connétable reconnaît que les moines lui ont octroyé une somme de 40 livres de deniers parisis sur les revenus qu'ils ont à Marly, pour l'aider dans les dépenses nécessaires pour le rétablissement des murs de son château.

Roger de Toësny mourut vers l'année 1150, laissant cinq fils, savoir: Raoul, Bernard, Amaury, Bouchard et Robert.

Dans le temps que Roger de Toësny recueillait la succession de son père, un nouvel abbé venait d'être élu à Coulombs; c'était Roger, fils d'un chevalier appelé Guinemur qui avait conservé, tant qu'il avait vécu, une affection particulière pour l'abbaye. Nous avons un traité que ce Guinemur passa avec Thibault, premier du nom, abbé de Coulombs, dans lequel on voit qu'après quelques arrangements pris avec l'abbé, il lui demanda de lui rendre la couronne et le tapis que sa défunte épouse avait donnés à l'abbaye, pour, dit-il, servir lors du mariage de sa fille aînée. Les femmes, le jour de leurs noces, portaient alors des couronnes d'or ou d'argent. Guinemur avait laissé plusieurs enfants, un entre autres, appelé Hugues, qui parvint à l'honneur de la chevalerie, et notre Roger, qui était

entré jeune dans l'abbaye de Coulombs. Hugues, voulant
aller adorer le saint sépulcre de Notre-Seigneur, lors de la
première croisade, avait donné à l'abbaye, par amour pour
son père et son frère, le vénérable Roger, qui y était
moine, la moitié de la dîme de Fresnay.

Les talents supérieurs de Roger ne tardèrent pas à se
manifester. L'abbé Thorold lui avait confié, quoique jeune
encore, la place de prieur de l'abbaye. Enfin, après le décès d'Herbert, il fut élu abbé. Dès l'an 1119 il obtint du
roi Louis le Gros une charte dans laquelle le roi dit : que
Roger, abbé de Coulombs et ses moines se sont transportés
vers Sa Majesté pour la supplier de confirmer deux
traités, par l'un desquels les chanoines de Mehung leur
ont concédé la moitié des terres de Germainville et de
Broué, terres alors incultes et réduites en un désert, et
par l'autre le chapitre de Dreux la moitié de la terre de
Marville. La confirmation fut accordée publiquement à Orléans, en présence et de l'avis de l'archevêque de Tours,
des évêques de Chartres, d'Orléans, de Paris, de Soissons,
et en présence d'Étienne, chancelier, de Guillaume, grand
sénéchal, et de Gilbert, échanson, qui sont à la cour du
roi. Ce prince recevait toujours favorablement les demandes
des monastères. Nous avons une charte où il est dit que
l'an de l'incarnation 1122, Louis, roi couvert de gloire,
ayant eu l'avantage de tous côtés sur ses ennemis, et jouis-
sant de la paix tant désirée, s'était occupé à Paris, avec les
grands de son royaume (*cum principibus regni sui*), à
prendre les mesures nécessaires à la sûreté de son État; que
dans cet objet il avait été résolu de construire un château
dans un lieu appelé Charlevanne (aujourd'hui La Chaussée), pour mettre le pays des environs de Paris à couvert
des incursions des ennemis; mais que ce lieu appartenait
au prieuré de Saint-Germain dépendant de Coulombs; que
Robert, moine dudit lieu, en avait fait la représentation
au roi; que Louis l'ayant écouté avec bonté, non-seulement
abandonna le projet de la construction du château, mais
qu'il donna aux moines les églises, toutes les dîmes et les

revenus qu'il avait dans le lieu, avec recommandation ex-
presse de placer la charte de cette donation sur l'autel de
Saint-Germain, de sa part, de celle de la reine Adélaïde,
son épouse, et de leur fils Philippe. Cette charte prouve
que la retraite de l'empereur Henri V des terres de France,
que Vély place à l'époque de 1124, et le traité de paix
qu'il dit avoir été fait en 1125 avec l'Angleterre, sont antérieurs à l'année 1122.

Le même historien dit (tome III, p. 18, édition in-12) que
le roi Louis le Gros fit pour la reine, son épouse, ce qu'aucun de ses prédécesseurs n'avait encore fait : il voulut que
les chartes fussent également datées des années de son règne
et de celles du couronnement de la princesse. Nous avons
plusieurs chartes de ce roi, auxquelles la reine a apposé
son sceau ; mais nous en avons aussi de Henri Ier, son aïeul,
où avec le sceau du roi est celui de la reine Anne, son
épouse. On en trouve également de Guillaume, duc de
Normandie, scellées de son sceau avec celui de Mathilde,
son épouse.

Le roi Louis le Gros étant à Dreux, en 1131, y jugea avec
ses barons un procès intenté à l'abbé de Coulombs au sujet de la propriété de la terre de Prudemanche ; mais, le jugement rendu, il fit un accommodement entre les parties.
On trouve dans le narré qui précède l'arrêt, que celui qui
avait donné la terre de Prudemanche à l'abbaye était alors
dans la compagnie militaire (*in familia*) de Robert, chevalier, laquelle faisait partie de la milice de Hugues, seigneur
de Châteauneuf.

En 1133, Louis le Gros étant à Dreux avec sa cour, fit
droit à la plainte que lui adressa Roger, abbé de Coulombs,
contre Foulques de Marcilly, qui détenait injustement une
terre de l'abbaye.

Ce Hugues de Châteauneuf, que nous avons cité tout à
l'heure, avait épousé Mabille de Montgomery, fille du régent d'Angleterre. Il ne laissa de son mariage qu'une fille,
appelée Mabille, ainsi que sa mère. Elle épousa Gervais,
l'un des descendants de Raoul le Barbu et de Gaston, son

fils, que nous avons vu avoir donné à l'abbaye de Coulombs la terre de Charpont. Gervais, allant en 1143 à la cour du roi, qui devait se tenir à Hautes-Bruyères, passa par Coulombs. Il y fut honorablement reçu par les moines; et après qu'on lui eût exhibé les chartes tant de la donation faite par ses ancêtres dudit lieu de Charpont, que de la confirmation qui en avait été accordée par le roi Henri Ier, il affranchit la terre d'une redevance qu'on exigeait contre la teneur des titres. Gervais avait précédemment donné à l'abbaye la terre de Faverolles, du consentement de Mabille, son épouse, et de ses fils Hugues, Gaston et Robert; et parce que Gervais la tenait du roi, à cause de son comté de Dreux, Louis le Gros confirma la donation par une charte donnée à Saint-Léger, la vingt-quatrième année de son règne (1132). Il paraît, par une charte sans date, que Gervais avait donné à un clerc appelé Baudouin la terre qu'il avait au Boulay-des-deux-Églises, et que ce Baudouin obtint de lui et de Mabille, son épouse, à laquelle appartenait tout l'honneur de Châteauneuf, la permission de donner à l'abbaye cette partie de la terre du Boulay-des-deux-Églises. Robert, l'un des trois fils déjà nommés de Gervais, et Maurice, un quatrième fils, se firent moines à Coulombs. Mabille, leur mère, leur donna, après qu'ils eurent fait profession, un domaine à Saulnières, dont l'abbaye hérita à leur décès. Les monastères héritaient alors non-seulement de leurs religieux, mais encore de tous les laïcs qui voulaient bien les instituer héritiers. Les particuliers moines pouvaient, dans ces temps-là, posséder des héritages et même des fiefs. Un moine donna à l'abbaye une portion de dîme à Saulnières, avec un fief dont son frère promit d'acquitter le service. Un autre usage qui mérite d'être observé, c'est que les moines payaient leur ingression en religion. Entre plusieurs exemples, nous nous bornerons à en rapporter un seul. Un particulier, quoique marié et ayant plusieurs enfants, demandait avec instance à être admis au nombre des religieux du monastère de Coulombs. Sa demande fut rejetée. L'aspirant, mieux conseillé dans la suite, promit, pour obtenir cette faveur, de donner seize arpents de terre ; alors sa demande fut écoutée ; mais l'abbé manda la femme et les enfants. Il demanda à la femme si elle entendait accorder à son mari la liberté de se faire moine, et tant à la mère qu'aux enfants, s'ils consentaient à la donation des seize arpents. Le consentement donné, le candidat fut admis.

L'abbé Roger ayant une contestation avec un gentilhomme sur l'interprétation des clauses d'un bail, après avoir longtemps plaidé, convint avec sa partie que l'affaire serait vidée par un duel. Le jour fut assigné. L'abbé nomma son défenseur ; mais, dans l'intervalle, le gentilhomme prit la fuite, après avoir tué en trahison le champion de l'abbaye. Non-seulement les ecclésiastiques ne se refusaient pas au jugement par le duel, mais ils en maintenaient l'usage dans leurs justices, comme un droit également honorable et lucratif.

Deux bourgeois de Coulombs avaient un procès au sujet d'une vigne située dans le fief de Robert de l'Hôpital, vassal de l'abbaye. Tant fut procédé à la cour du vassal, qu'il fût ordonné que la cause serait terminée par un duel. Robert de l'Hôpital reçut les gages de bataille, et indiqua sa maison pour le lieu où les parties se battraient en duel. L'abbé Roger, seigneur suzerain, informé du fait, défendit de passer outre, et prit à partie ledit l'Hôpital, sur ce que, contre le droit et la coutume de l'église de Coulombs, il avait osé indiquer un duel dans sa maison. Ce dernier demanda un délai pour répondre et prendre conseil ; enfin, après plusieurs délais, il avoua qu'il avait eu tort, et se désista de sa prétention.

Le roi Louis VII, de retour de la Terre sainte, accorda à l'abbé Roger une charte donnée publiquement dans son palais à Paris, où étaient présents le comte Thibault, grand sénéchal, Guy, échanson, Matthieu, grand chambellan (la place de connétable était vacante), souscrite par Hugues, chancelier, l'an de l'incarnation 1160, par laquelle ce roi confirma toutes les donations faites à l'abbaye par les seigneurs de Nogent : elles y sont relatées en détail. Le roi défend à tous comtes, vicomtes et tous autres chargés du pouvoir judiciaire, d'exercer des actes de justice dans les terres de l'abbaye, de rien exiger des hommes tant ingénus que colons qui les habitent, et de les assujettir à des corvées, à des prestations annuelles, et à la taille.

L'abbé Roger a fait défricher les terres d'un grand nombre de paroisses qui étaient incultes, et il y a fait édifier des maisons pour les cultivateurs qu'il y établissait. Ceux-ci, qu'on appelait les hôtes, avaient pour eux et leurs enfants une espèce de propriété des terres qu'ils cultivaient ; mais ils ne pouvaient ni les vendre, ni en disposer par testament. Les devoirs imposés sur ces biens consistaient dans le payement du champart, de la dîme, de la taille (en certaines circonstances), et dans l'obligation de payer à chaque fête de Noël, par chaque ménage, les pains d'oublys, ou 7 deniers à la place, et 2 setiers d'avoine. Ces charges étaient considérables ; mais les devoirs acquittés, les colons des biens ecclésiastiques jouissaient tranquillement du surplus de leurs revenus. Leur sort était heureux en comparaison de celui des serfs des autres seigneurs. Les terres de ces derniers étaient continuellement dévastées, à l'occasion des querelles qui survenaient entre eux, au lieu que les terres des monastères étaient ordinairement respectées comme terres de chrétienté, c'est-à-dire terres d'Église. Les moines de Coulombs apportaient tant de soins et faisaient tant de dépenses pour le défrichement de leurs terres, qu'en 1179 l'abbé Humbert passa un bail pour huit années, de la moitié qui appartenait à l'abbaye dans les dîmes et les champarts des terres de Germainville et de Broué, naguère incultes et réduites en un désert, moyennant 15 livres parisis pour chacune des huit années. Les 15 livres parisis faisaient 18 livres 15 sols tournois. Le marc d'argent valait alors 25 sols. La moitié des revenus compris dans le bail montait donc à 720 livres de notre monnaie. C'est par une conséquence de la liberté accordée par Louis le Gros aux peuples de ses domaines que, dès l'année 1179, l'abbé Humbert trouva des fermiers pour louer les revenus qui appartenaient à son abbaye dans les paroisses de Germainville et de Broué. Les abbés, avant cette époque, étaient obligés d'envoyer des moines dans chaque terre, pour veiller à la perception des produits et faire travailler les colons. Nonobstant le privilége de chrétienté, les moines prenaient la précaution de faire fortifier leurs villages ou hameaux, pour mettre leurs revenus et ceux de leurs hôtes en sûreté. L'abbé déléguait dans chacun de ces villages ou hameaux un de ses religieux pour veiller sur les travaux des colons, et les religieux chargés de cette inspection étaient les juges du canton. Ils avaient sous eux un officier appelé maire, qui faisait la recette des revenus, veillait à la sûreté des habitants et était le sergent de la justice. On lui assignait pour sa subsistance et pour ses salaires un certain nombre d'arpents de terre qu'il possédait en fief, et une quotité déterminée dans les droits seigneuriaux dont il faisait la recette.

Ces maires étaient au nombre de trente-cinq ou trente-six dans les terres de l'abbaye. Indépendamment des devoirs dont nous venons de rendre compte, les maires de l'abbaye étaient tenus, à peine d'amende, de comparaître en personne deux fois l'année à Coulombs. La première était le jour de l'Assomption de la Vierge, patronne de l'abbaye. Ils assistaient à la grand'messe, aux vêpres et à la procession en vestes blanches, un bâton à la main. La seconde était le jour de carnaval : l'abbaye donnait au public le spectable d'un combat de coqs. Les maires gardaient le champ clos. L'abbé était obligé de leur donner à dîner ce jour-là. Les mets qu'on leur servait étaient fixés par les titres. Ces fiefs de domesticité n'étaient encore dans le douzième siècle concédés qu'à vie; ils sont devenus héréditaires dans la suite. On appelle encore aujourd'hui les maires le jour de l'Assomption dans l'église, avant que la messe commence, et on donne défaut contre les absents. Il y avait encore dans chaque terre des domestiques d'un ordre inférieur, qu'on appelait les familiers de l'abbaye.

Ces familiers étaient serfs, et ils étaient ou garçons ou mariés. Les gages des familiers qui étaient garçons consistaient dans une pension annuelle d'un demi-muid de blé; ils étaient vêtus et nourris. On leur fournissait le linge nécessaire avec un cheval, à condition que s'il mourait, le familier en achèterait un à ses dépens. Il y avait un traitement différent pour ceux qui étaient mariés. Ce traitement n'est pas expliqué. Ces familiers ne pouvaient épouser que des filles serves de l'abbaye; s'ils voulaient en épouser une d'une autre seigneurie, il fallait les consentements des deux seigneurs, et les futurs époux payaient ordinairement pour obtenir ces consentements.

L'abbé Roger, pour soulager l'indigence de la pauvre noblesse, fit construire dans un hameau appelé Baudeval, un hospice auquel on donna le nom d'aumône de Coulombs. C'est ce qui a fait que ce hameau a perdu son premier nom et s'appelle l'Aumône. L'abbé y donnait une retraite aux gentilhommes pauvres ainsi qu'à leurs veuves. Ils y étaient logés, nourris et entretenus aux dépens de l'abbaye. Le traitement qu'ils y recevaient était sans doute bien honnête, puisqu'un gentilhomme, partant pour la Terre sainte, mit pour condition dans la vente qu'il fit d'une terre à l'abbaye, que sa mère, tant qu'elle vivrait, serait logée, nourrie et entretenue dans l'aumône de Coulombs.

A l'exemple de ce qui se pratiquait dans les abbayes de Cluny et de Marmoutiers, on cultivait les belles-lettres dans celle de Coulombs. Il y avait des écoles ouvertes pour l'instruction des enfants et des jeunes gens. Dès les premiers temps l'abbaye était déjà riche en manuscrits, qu'on conservait avec beaucoup de soin et dont on augmentait le nombre avec beaucoup de zèle. Aussi lorsque Imbert de Vergy, évêque de Paris, donna, du consentement de son chapitre, à l'abbaye de Coulombs la petite abbaye de Saint-Germain en Laye, fondée par le roi Robert et donnée à l'église de Paris par le roi Henri Ier vers l'année 1032, le prélat eut-il soin d'enjoindre aux religieux qui habiteraient à l'avenir le monastère de Saint-Germain d'apporter à la conservation des livres et autres biens les mêmes soins qu'on y apporte à Coulombs. L'abbé Thibault avait admis à la profession religieuse un sujet qui acquit dans la suite la plus grande réputation pour l'enseignement des belles-lettres. C'est Thomas Tressentis, dont l'historien de l'université de Paris a parlé avec éloge (La Boulaye, *Hist. de l'Université*, tome 2, page 29).

Thomas s'était dévoué, étant fort jeune, à la vie monastique dans l'abbaye de Marmoutiers, où il avait fait ses études. Il avait pris ensuite l'habit de Saint-Benoît à Coulombs, où il fit l'émission de ses vœux, ainsi qu'il nous l'apprend lui-même dans une lettre qu'il a écrite à saint Bernard, et que Baluze a donnée au public. L'abbé l'appliqua à l'enseignement, et il professa les belles-lettres pendant dix ans. Son mérite le fit élire en 1110 abbé de Morigny, près Étampes. Il conserva toujours une liaison très-grande avec Coulombs. Il paraît qu'il était dans l'usage de s'y rendre le jour de l'Assomption de Notre-Dame, patronne de l'abbaye. On le trouve au nombre des témoins d'une donation datée de ce même jour, en l'année 1125. Thomas se démit de son abbaye en 1140. Il passa cinq ans au prieuré de Saint-Martin, à Paris. Il se retira ensuite à Coulombs, où il finit ses jours, du temps de l'abbé Roger, en 1146. Il paraît par une charte que ceux des religieux qui avaient enseigné conservaient le titre de maîtres lors même qu'ils avaient quitté l'enseignement et qu'on leur avait confié l'administration d'une celle, en qualité de prieurs.

L'abbé Roger est mort vers la fin de l'année 1173 ou dans le commencement de 1174. Les prieurés de Muzy, de Carrières sous Saint-Germain en Laye, de la Madeleine de Mantes, les prieurés de Germainville, d'Herbeville et de Villiers-Landoué ont été fondés ou ont formé des celles régies par un prieur, pendant le régime de l'abbé Roger.

XIII. **Raoul de Toësny,** troisième du nom, seigneur de Conches et de Nogent, de 1150 à 1188.

Ce Raoul a été inconnu à l'auteur de l'histoire manuscrite de l'abbaye de Conches. Une charte de l'an 1190, dont nous aurons occasion de parler dans l'article suivant, nous apprend qu'il était fils de Roger, second du nom, seigneur de Nogent, et qu'il avait quatre frères dénommés dans l'article qui précède. Nous ignorons le nom de son épouse, quoique elle et son mari soient témoins dans un traité relatif au fief de Villeroy. Nous apprenons par la charte ci-dessus citée de 1190, qu'à l'exemple de ses pères, il a fait des libéralités à l'abbaye de Coulombs; mais nous ignorons quels sont les objets qu'il a aumônés.

Les seigneurs de Nogent avaient dans leur château un capitaine-châtelain qu'ils choisissaient parmi leurs vassaux les plus distingués.

Raoul avait confié cette place à Arembert, surnommé le Jeune, petit-fils par sa mère de Hervé de Montfort. Arembert avait été armé chevalier après avoir atteint sa majorité, puis fait gouverneur du château de Nogent (*oppidanus de Novigento*). Selon toute vraisemblance, c'est de lui que la ville de Nogent a pris le surnom d'Érembert. Dès le temps de Hugues Bardulphe la famille Arembert était puissante à Nogent, elle était divisée en plusieurs branches et possédait de grands fiefs soit dans la terre de Nogent, soit dans les terres voisines. On voit par les cartulaires de Coulombs que notre capitaine-châtelain confirma les donations faites à l'abbaye par quatre de ses vassaux, de partie de la terre de Croisilles; et que son aïeul, à l'article de la mort, ayant été visité processionnellement par l'abbé et toute sa communauté, en fut si transporté de joie que, suivant la coutume des chrétiens, dit la charte, il donna des héritages considérables à l'abbaye. Ajoutons que cet aïeul d'Arembert fut inhumé dans le chapitre de Coulombs, et que, longtemps avant sa mort, sa femme, appelée Colombe, avait donné à l'abbaye une magnifique dragée d'or, qu'elle avait détachée de son col et que l'abbé avait employée à faire dorer un coffre de bois, dans lequel on croyait qu'étaient renfermées les têtes de trois des saints Innocents.

Cette place de capitaine-châtelain était de quelque importance; elle a subsisté jusqu'en 1413, qu'elle fut supprimée par le roi Charles VI.

Raoul de Toësny mourut vers l'année 1188. Quoique la terre de Nogent fût très-noble, et que les seigneurs y fussent en possession de tous les droits régaliens, je ne vois pas qu'ils aient joui de celui de faire battre monnaie. Celles qui avaient cours dans cette terre étaient les monnaies de Paris, de Tours, de Provins, de Chartres et de Dreux.

XIV. **Roger de Toësny,** troisième du nom, seigneur de Conches et dernier seigneur de Nogent-l'Érembert du nom de Toësny, de 1188 à l'an 1200 environ.

Roger était fils de Raoul qui fait le sujet de l'article précédent. Il avait épousé en Angleterre Idémie, fille du comte de Leicester. Cette dame donna à l'abbaye de Coulombs la dîme des biens qu'elle possédait en Angleterre. Son mari avait aumôné aux religieux la moitié des revenus qu'il tirait des fours banaux de la ville de Nogent.

Roger confirma, par une charte de l'an 1190, toutes les donations faites par ses devanciers à l'abbaye de Coulombs, et ce titre nous présente un tableau suivi de tous les seigneurs de Nogent, depuis Roger, évêque de Beauvais, jusqu'à l'époque de la Charte. On n'y a omis qu'Isambert, père de Hugues Bardulphe, sans doute parce qu'il n'avait fait aucune donation à l'abbaye. On y a aussi, par la même raison, passé sous silence Amaury de Montfort. Le premier est Roger, évêque de Beauvais; le deuxième, Odolric, évêque d'Orléans; le troisième, Hugues Bardulphe; le quatrième, Simon de Montfort, gendre du précédent; le cinquième, Raoul de Toësny, surnommé le Vieux; le sixième, Raoul de Toësny, surnommé le Jeune, fils de Raoul le Vieux;

le septième, Roger, fils de Raoul le Jeune; le huitième, Raoul de Toësny, père de Roger qui donne lieu à cet article.

Roger avait eu plusieurs enfants d'Idémie, son épouse. Il leur fit confirmer la charte de 1190. Idémie mourut plusieurs années avant son époux, et fut enterrée dans le chapitre de l'abbaye de Conches, où étaient les tombeaux des seigneurs de la maison de Toësny.

Nous ignorons en quelle année est décédé Roger, et ce que sont devenus ses enfants. Les chroniqueurs n'en font point mention.

Les seigneurs de Toësny possédaient, depuis près de deux siècles, la terre de Nogent, sous la domination française; mais ils étaient nés sujets des ducs de Normandie et des rois d'Angleterre, leurs successeurs. Ils avaient plusieurs alliances avec eux. Ils avaient été toujours attachés à leur service, et ils possédaient de grands biens, soit en Normandie, soit en Angleterre.

Lorsque Philippe-Auguste conquit la Normandie, il confisqua les terres de Nogent et de Conches sur Roger de Toësny. Ce prince était en possession de Conches en 1204, et dans le même temps Louis, comte de Blois et de Chartres, était propriétaire de la terre de Nogent. Philippe-Auguste, par une charte datée d'Anet l'an 1204, donna à Robert de Courtenay la terre de Conches, à la charge de réversion à la couronne, dans le cas où le donataire décéderait sans enfants nés en légitime mariage. L'auteur de l'histoire d'Évreux a avancé que Robert de Courtenay était devenu seigneur de Conches par son mariage avec Mathilde, fille de Roger de Toësny. Mais indépendamment de ce qu'il ne donne aucune preuve de cette assertion, elle se trouve détruite par la charte dont nous venons de parler. De plus, Robert de Courtenay avait épousé Mahaud, dame de Mehun-sur-Yèvre et de Selles en Berry, veuve de Jean, second du nom, seigneur de Beaugency-sur-Loire.

A l'égard de la terre de Nogent, Philippe-Auguste l'avait vraisemblablement donnée, après la confiscation, à Louis, comte de Blois et de Chartres, fils d'Alix, sœur consanguine du roi, peut-être en dédommagement de la charge de grand sénéchal de France, qui avait été supprimée par Philippe en 1192, après la mort de Thibault VI, père de Louis, qui la possédait comme charge héréditaire.

Du temps de Roger de Toësny, on voit l'abbé de Coulombs, Thibault, second du nom, donner à cens, par une charte du 12 décembre 1194, deux bouvées de terre (trente arpents) moyennant 5 sols et deux setiers d'avoine de cens, la dîme et le champart, à la charge par le preneur de *marner* lesdites terres. L'abbé Thibault donna aussi à cens, par un bail du 1er août 1196, aux habitants de Gironville, les terres de la paroisse à raison de 7 sols 6 deniers tournois de cens par chaque bouvée de terre, deux setiers d'avoine par arpent, les corvées aux jours à eux assignés. Il les exempta de la taille pour l'avenir, et leur accorda la liberté de disposer, soit par testament ou autrement, des terres comprises dans ce bail.

En la même année 1196, l'abbé de Coulombs et le chapitre de Dreux accordèrent à Robert II, dit le Jeune, comte de Dreux et petit-fils de Louis le Gros, en considération de la misère à laquelle les guerres l'avaient réduit, un don gratuit de 40 livres angevines, qui faisaient 2,560 livres de notre monnaie.

OBSERVATIONS SUR QUELQUES USAGES DES ONZIÈME ET DOUZIÈME SIÈCLES.

1. Le retrait féodal était dès lors exercé par les seigneurs, soit pour eux-mêmes, soit qu'ils l'eussent cédé à des tiers ; et tous les contrats translatifs de propriété non-seulement par acquisition à prix d'argent, mais même à titre gratuit, donnaient ouverture à l'exercice de ce droit. En voici la preuve :

On avait donné à des moines une portion de dîme dont ils avaient négligé de se faire ensaisiner par le seigneur de qui cette dîme était tenue en fief. Les religieux de Coulombs en demandèrent l'investiture au seigneur, qui la leur accorda, et ils en dépouillèrent les donataires.

2. Pour assurer les acquisitions faites par les églises, il était nécessaire qu'elles obtinssent le consentement tant du seigneur immédiat que du seigneur de qui celui-ci relevait. Ces consentements n'étaient accordés que moyennant finance.

3. Les droits que les églises payaient au seigneur immédiat étaient ordinairement du quart du prix de l'acquisition pour les rotures, et du tiers pour les fiefs, et quelquefois plus.

4. Lorsque des parties traitaient ensemble sur des contraventions à des engagements précédents, celui qui avait violé sa promesse et qui en donnait une nouvelle recevait un soufflet de la partie à laquelle il engageait sa parole.

5. Les grands seigneurs avaient auprès d'eux des personnes versées dans les affaires, et qui portaient le titre de leurs conseillers : Simon de Montfort, devenu comte d'Évreux en 1140, fit plusieurs donations à l'abbaye de Coulombs. Au nombre des témoins est Robert de Pacy, *conseiller* du comte.

6. Les fêtes solennelles dans le douzième siècle étaient : Noël et le lendemain, l'Épiphanie, la Purification, le Mercredi des Cendres, la fête de Pâques, la Pentecôte, la fête de saint Pierre, la Toussaint et le jour des morts. (Gr. Cartul., p. 252.)

7. Le cinquième concile de Rome, tenu en 1078, avait défendu aux laïques de posséder des dîmes, et aux abbés et aux moines d'en retenir sans y être autorisés par le pape ou par l'évêque diocésain. Le motif de ces défenses était que, selon les canons, les dîmes appartiennent aux évêques. C'est en conséquence du principe que toutes les dîmes étaient à la disposition des évêques, que ceux-ci crurent être en droit, sans égard à la défense du concile de Rome, de donner en fief à des laïques les dîmes de plusieurs églises. Mais les seigneurs qui possédaient de toute ancienneté les dîmes dans leurs terres ne tinrent aucun compte

de la défense faite aux laïques d'en posséder, quoique les ecclésiastiques fissent tous leurs efforts pour établir que les dîmes leur appartenaient de droit divin. Les laïques étaient si persuadés que ce droit faisait partie de leurs domaines, qu'ils se maintinrent en possession même des dîmes des terres qu'on défricherait à l'avenir. Il est vrai que dans plusieurs chartes de donations ou de ventes de dîmes, les moines y faisaient insérer que les donateurs ou les vendeurs en abdiquaient la possession, parce qu'ils savaient que les dîmes ne devaient être possédées que par les lévites. Ces prétendues reconnaissances étaient entièrement du fait du rédacteur de la charte; car, soit qu'on y employât les termes de donation ou de vente, les moines payaient la valeur des dîmes données ou vendues aux donateurs ou vendeurs. Ils payaient aussi les lods et ventes et l'amortissement aux seigneurs, de qui les dîmes étaient tenues en fief; et si dans la suite il survenait des contestations à l'occasion des dîmes données ou vendues, les procès étaient portés à la cour du seigneur suzerain. Il y avait même des dîmes tenues en franc alleu par des seigneurs.

Une preuve enfin que les seigneurs n'adoptaient pas le principe que les dîmes appartenaient de droit divin à l'Église, c'est que nous avons une multitude de traités faits entre des seigneurs dont les terres avaient été dévastées par les guerres d'une part, et les abbés de Coulombs d'autre part, dans lesquels on voit que les abbés s'engageaient à y faire construire des habitations et d'y envoyer des cultivateurs; et les seigneurs, de leur côté, abandonnaient à l'abbaye les dîmes des fruits que produiraient les terres que ces colons auraient défrichées et mises en valeur.

8. Une charte sans date, mais qui est de l'année 1089 ou environ, et conséquemment du règne de Philippe Ier, prouve que tant sous son règne que sous celui de Louis le Gros, son fils, les particuliers avaient la liberté de stipuler les payements, ou en monnaies qui avaient cours, ou en marcs d'argent.

XV. Louis, comte de Blois et de Chartres, seigneur de Nogent-l'Érembert, de 1200 environ à 1205.

Louis avait épousé Catherine, comtesse de Clermont en Beauvoisis. Il fit le voyage d'outre-mer, assista au siége de Zara et à la prise de Constantinople. Il fut tué à la bataille d'Andrinople, le 14 août 1205.

En 1202, du consentement de Thibault II, abbé de Coulombs, le village de Vacheresses-les-Basses fut érigé en paroisse et détaché de celle de Nogent-l'Érembert.

XVI. Thibault VII, comte de Blois et de Chartres, seigneur de Nogent-l'Érembert, de 1205 à 1218.

Thibault VII, fils de Louis, comte de Blois et de Chartres et de Catherine, comtesse de Clermont, fut marié deux fois, et mourut sans enfants, en 1218. Ses deux tantes, Élisabeth et Marguerite, sœurs de Louis, furent ses héritières. Pour payer les rachats des grandes terres qui composaient cette succession, elles cédèrent en 1218, au roi Philippe-Auguste, la propriété de la terre de Nogent-l'Érembert.

L'abbé de Coulombs, Thibault II, conjointement avec le chapitre de Dreux, par une charte du mois de décembre 1211, affranchit les habitants de Marville, à la charge par eux de payer à l'avenir, au lieu de la taille, 16 deniers par arpent et les autres devoirs accoutumés. Il les exempta également du bouvage, qui était une redevance pécuniaire due pour chaque paire de bœufs. Les lods et ventes furent fixés à 2 deniers par chaque sol du prix de la vente, payables un par le vendeur et l'autre par l'acheteur.

Vers la même époque il affranchit aussi les habitants de Mérangle de la banalité aux moulins de Coulombs.

XVII. Philippe-Auguste, roi de France, seigneur de Nogent-l'Érembert, de 1218 à 1223.

La terre de Nogent est un ancien bénéfice de la couronne que le roi Robert, dans la charte de 1028, a déclaré être tenu de lui et avoir toujours été tenu de ses prédécesseurs. C'est à raison de cette suzeraineté, que, lors de la rébellion de Hugues Bardulphe, le roi Henri Ier fit confisquer la terre de Nogent à son profit. C'est à raison de cette suzeraineté que ce même roi, par une charte donnée à Poissy l'an 1059, permit à Hugues Bardulphe, son chevalier, de donner aux moines de Coulombs l'église de Villemeux, avec la terre adjacente et la terre d'Ormoy : le tout faisant partie de la seigneurie de Nogent-l'Érembert. La charte était munie des sceaux du roi, de la reine Anne, son épouse, du roi Philippe, leur fils, de Hugues Bardulphe, donateur, et signée de Baudouin, chancelier.

La glèbe de l'abbaye de Coulombs étant un démembrement de la terre de Nogent, devait également être tenue du roi. Si les seigneurs de Nogent qui l'ont donnée ne s'en sont point réservé la foi et hommage, nous ne voyons aucune réserve à cet égard, ni dans la charte de 1028, ni dans les titres postérieurs. Mais nous n'y voyons point non plus de réserve pour les appels de la justice de Coulombs à celle de Nogent : et cependant ils y ont toujours été portés. La justice était rendue à Nogent, ou par les seigneurs en personne, ou par un prévôt qu'ils commettaient pour la rendre à leur décharge. Les seigneurs de Nogent avaient aussi, comme il a été dit plus haut, un gouverneur ou capitaine-châtelain. Philippe-Auguste, ayant acquis la terre de Nogent, conserva le prévôt et le gouverneur.

Comme il sera souvent parlé dans la suite des terres d'Anet, Bréval et Montchauvet, situées ainsi que Nogent-l'Érembert dans le diocèse de Chartres, qui ont été aussi acquises par Philippe-Auguste, et ont été pendant plusieurs siècles dans les mêmes mains que Nogent et du ressort du même juge supérieur, il est à propos d'expliquer ici à quelles époques elles sont entrées dans les domaines du roi. Nous commencerons par Anet.

On trouve dans les ordonnances du Louvre (tome IV, p. 615) des lettres de Philippe-Auguste données à Anet, l'an 1192, par lesquelles il exempte les habitants d'Anet, comme étant sous sa juridiction immédiate, de tous droits de péage et de tous impôts. Il en était donc propriétaire dès lors. La prévôté d'Anet est comprise au nombre de celles qui faisaient partie du domaine en 1202.

La terre de Bréval a été acquise par le même roi dans l'intervalle de 1187 à 1202. On voit, par une transaction passée en 1187, entre Jean, seigneur de Bréval, et Thibault, abbé de Coulombs, qu'en ladite année cette terre appartenait audit seigneur de Bréval. Elle fut acquise peu de temps après par le roi, puisqu'elle est comprise aussi dans le compte de 1202, comme prévôté royale.

A l'égard de la terre de Montchauvet, on la trouve pour la première fois en 1217, dans les comptes du domaine de la couronne.

Les prévôts des quatre châtellenies d'Anet, de Bréval, de Montchauvet et de Nogent-l'Érembert rendaient la justice, ainsi que les autres prévôts royaux, aux domiciliés dans leurs districts, et faisaient la recette des revenus du roi. On trouve la prévôté de Nogent comprise pour la première fois dans le compte du domaine de l'année 1227, c'est-à-dire à la fin de la première année de régence de Blanche de Castille.

Le roi Philippe-Auguste ayant fait construire à Saint-Germain en Laye une chapelle dédiée à Notre-Dame, demanda à Robert, abbé de Coulombs, qu'un des religieux du prieuré de Saint-Germain en Laye, dépendant dudit abbé, fût chargé de dire chaque jour dans cette chapelle quelque office pour le repos des âmes du roi Louis, son père, et de la reine Alix, sa mère : à quoi l'abbé Robert accéda suivant la volonté du roi, par une charte datée de l'année 1223, scellée de deux sceaux.

C'est vers ce temps-là que le même abbé Robert donna à cens par un bail la terre de Rosay, dans la paroisse de Prouais.

XVIII. **Louis VIII**, dit. *Cœur-de-Lion*, seigneur de Nogent-l'Érembert, de 1223 à 1226.

Ce prince parvint à la couronne le 25 juillet 1223. La terre de Nogent faisait partie de son domaine. Nous n'avons aucune charte de lui relative à la terre de Nogent ni à l'abbaye de Coulombs. Ses occupations dans la croisade des Albigeois lui prirent tout son temps. Il mourut l'an 1226, à l'âge de trente-neuf ans.

L'an 1224, Robert, abbé de Coulombs, affranchit par une charte les habitants d'Allainville, près la ville de Dreux, de différentes corvées, à condition qu'ils payeraient à l'avenir, chaque année, un cens de trente sols.

Philippe-Auguste, par un établissement de l'année 1206, avait défendu aux juifs de prêter à plus gros intérêts que celui de 2 deniers par livre, par chaque semaine, au lieu qu'auparavant il était de 3 deniers, même pour les prêteurs autres que des juifs. Cette loi fut exécutée dans les terres de son domaine; mais elle n'eut point d'exécution dans les terres des hauts barons. Je trouve (pet. cartul., p. 57) un bail sans date, mais qui est du siècle précédent, par lequel les moines de Coulombs avaient affermé une dîme à un curé, moyennant 28 sols par an. Il y est dit que le preneur acquittera le prix du bail au jour de l'échéance, ou au plus tard dans la semaine, et que, faute par lui de remplir son engagement, il ne sera reçu à payer autrement que comme les lois l'ont ordonné; c'est-à-dire qu'il payera les intérêts du retard. Ce bail prouve qu'on était alors dans l'usage de stipuler les intérêts en cas de retard de payement, et que dans les parlements des pays de droit écrit, on a conservé aux prêteurs une faculté qui était anciennement de droit commun dans tout le royaume.

XIX. Le roi **Saint-Louis**, seigneur de Nogent-l'Érembert, de 1226 à 1270.

Quoique Nogent fût un domaine royal depuis 1218, on

ne le trouve néanmoins compris dans les comptes des domaines qu'en 1227.

Louis IX venait fréquemment à Nogent. Nous lisons dans la vie de ce prince par le confesseur de la reine Marguerite, son épouse, qu'il alla en pèlerinage nu-pieds de Nogent-l'Érembert à l'église Notre-Dame de Chartres, distante de cinq lieues de Nogent. Saint Louis chargea en 1232 Robert, abbé de Coulombs, de faire célébrer par un religieux de ladite abbaye le service divin dans la chapelle du château de Nogent. En 1238, il dota la chapelle Notre-Dame de Saint-Germain en Laye, et chargea de nouveau l'abbé de Coulombs et ses religieux du prieuré de Saint-Germain en Laye d'y remplir les intentions de son aïeul, Philippe-Auguste.

En créant un grand bailli pour les deux Vexins, français et normand, Philippe-Auguste avait classé les prévôtés d'Anet, Bréval, Montchauvet, et Nogent-l'Érembert dans le ressort de ce bailli, qui avait préféré le titre de bailli de Gisors à celui de bailli de Mantes. Mais vers 1256, de ce bailliage on en composa deux. Le roi saint Louis établit un bailli pour le Vexin français, qui prit le titre de bailli de Mantes. Nos quatre châtellenies furent placées dans son ressort. Il n'y avait point alors de bailli royal à Chartres, parce que cette ville et presque toute la Beauce appartenaient aux comtes de Chartres. Ces seigneurs avaient leurs baillis supérieurs et leurs prévôts. Tous les hauts seigneurs, à l'exemple du roi, avaient établi des grands baillis dans leurs terres. Les quatre châtellenies ci-dessus ont demeuré dans le ressort du bailli de Mantes, jusqu'en l'année 1444.

Par une charte datée d'Anet, au mois d'août 1258, saint Louis permit à l'abbé de Coulombs de faire, au lieu appelé le Pont-de-Pierre, dans la seigneurie de Nogent-l'Érembert, un moulin à fouler les draps, à condition qu'il n'y aurait que les habitants sujets à la banalité de Coulombs qui y feraient fouler leurs draps, et que les baniers de la terre de Nogent-l'Érembert n'y seraient pas reçus ; à la charge aussi que si le prix du bail du moulin du roi, affermé

16 livres tournois, venait à diminuer, les religieux suppor-
teraient la diminution et en indemniseraient le roi. La
charte est scellée d'un sceau en cire verte. Saint Louis y
est représenté debout, tenant l'écu de France, où sont trois
fleurs de lis; dans sa main droite le sceptre, et dans la
gauche la main de justice. Le roi est représenté avec des
cheveux courts, une couronne à fleurons sur la tête, vêtu
d'une longue robe avec une dalmatique par-dessus. Au
revers du sceau sont imprimées six fleurs de lis; l'inscription autour est effacée.

En 1260, saint Louis augmenta de 12 livres, à prendre
sur la prévôté de Nogent, la rétribution du religieux de
Coulombs qui desservait la chapelle royale de Nogent-l'É-
rembert.

Par une ordonnance de la même année 1260, le roi avait
proscrit le duel judiciaire dans les terres de son domaine,
et y avait substitué l'appel au juge supérieur. Mais cette
ordonnance fut mal exécutée, et l'abus des duels ordonnés
par la justice a encore continué longtemps après lui. Ce
prince, par une ordonnance précédente du mois de janvier 1257, avait défendu les guerres privées et qu'on trou-
blât les laboureurs dans la culture des terres. Cette ordonnance fut ponctuellement exécutée dans les domaines du
roi et dans les terres qui en dépendaient; aussi l'agriculture depuis plusieurs siècles n'avait-elle point eu les
mêmes succès que sous le règne de saint Louis. On labou-
rait alors la terre avec des bœufs, et ce n'est qu'à la fin
du quinzième siècle qu'on a commencé dans le nord de
la France à employer les chevaux au labour; mais nonobstant les avantages que paraît procurer le labour par
les chevaux, il est assez douteux que cette exploitation soit
plus utile que celle faite par des bœufs. Les propriétaires
qui ne cultivaient pas leurs domaines par eux-mêmes, les
faisaient exploiter par des colons, et en partageaient les
fruits avec eux. Ces colons étaient appelés métayers et les
fermes métairies. On consentait à ces métayers des baux
pour quinze, vingt et vingt-cinq années. S'ils fournissaient

les bœufs et autres bestiaux nécessaires à l'exploitation, les profits sur les bestiaux leur appartenaient en entier ; mais si le propriétaire en fournissait la moitié, les profits étaient partagés par égales portions. Les terres n'étaient alors divisées qu'en deux saisons, une pour les blés et l'autre pour les mars, en sorte qu'elles étaient ensemencées toutes les années alternativement en blé et en mars : au lieu qu'aujourd'hui elles sont en trois saisons, dont une est en jachère tous les trois ans. Je trouve qu'un abbé de Coulombs, pour s'acquitter d'une somme de 80 livres qu'il avait empruntée, fit, par acte du mois de mars 1258 une délégation de quarante muids de blé ou avoine, à prendre à la récolte du mois d'août lors prochain, dans sa grange de la paroisse de Gironville. Les revenus de l'abbaye dans cette paroisse ne font pas aujourd'hui la moitié des grains portés dans la délégation, et quoiqu'on puisse supposer qu'on ne jouit plus de droits aussi considérables qu'en 1258, il paraîtra que les terres de ladite paroisse produisaient au moins autant qu'elles produisent actuellement et à moins de frais. Un setier de blé, mesure de Nogent-le-Roi, fait à la mesure de Paris quatre minots un boisseau. Le prix du setier à Nogent était de 4 sols, c'est-à-dire 3 livres 6 sous 3 deniers de notre monnaie. Par des lettres patentes du mois de mai 1268 données à Nogent-l'Érembert, saint Louis confirma une charte du roi Philippe-Auguste, son aïeul, en faveur de l'abbaye de Coulombs. Le sceau est en cire verte. Saint Louis est représenté debout, habillé et coiffé comme dans le sceau précédemment décrit ; mais il ne tient pas l'écu de France. Il a dans la main droite le sceptre, et dans la gauche la main de justice. L'écriture autour du sceau est emportée ; au dos du sceau est imprimée une grande fleur de lis.

Un pareil sceau en cire jaune se trouve au bas d'une transaction passée, en 1263, entre le maître de la léproserie de Corbeil d'une part, et le prieur d'Essone d'autre part, homologuée par saint Louis au mois de novembre 1268.

Autour du sceau, du côté de l'effigie du roi est écrit : *Ludovicus Dei gratia Francorum rex ;* et au dos est aussi une grande fleur de lis. Dans les deux derniers sceaux, les bords de la tunique sont garnis de fleurs de lis.

XX. **Philippe III,** dit *le Hardi,* roi de France, seigneur de Nogent-l'Érembert, de 1270 à 1285.

Philippe III fut marié deux fois. Il épousa en premières noces Isabelle d'Aragon ; de ce mariage vinrent quatre enfants mâles, entre autres, Philippe le Bel, qui régna après lui. Il épousa en secondes noces Marie de Brabant ; de ce mariage vinrent un prince et deux princesses. Le prince, appelé Louis, fut dans la suite seigneur de Nogent, cette terre ayant été comprise dans son apanage.

Philippe, ainsi que saint Louis son père, se plaisait à Nogent, et y venait de temps à autre dans les belles saisons. Nous avons un règlement qu'il fit à Nogent-l'Érembert, le 31 août 1272, par lequel il fixe les droits dus à ses chambellans par ceux des vassaux qui rendaient leurs hommages au roi. Les plus pauvres devaient payer au moins 20 sols parisis ; ceux qui avaient 100 livres de rentes, 50 sols ; ceux qui avaient 150 livres de rentes, 100 sols ; les barons, les évêques et les archevêques 10 livres. Les chambellans du roi prétendirent qu'à chaque mutation d'abbé de Coulombs, il leur était dû un palefroi ou la somme de 10 livres. Cette prétention fit le sujet d'une contestation qui fut portée à la cour du roi. L'abbé et le couvent de Coulombs opposaient à cette demande qu'ils avaient des chartes des rois qui les en exemptaient, et que, par un jugement de la cour du feu roi Louis, de glorieuse mémoire, cette exemption avait été prononcée en leur faveur. La cour, vu lesdites chartes et ledit jugement, donna congé de cour à l'abbé, et imposa sur ce silence perpétuel aux chambellans. L'arrêt est daté de Paris l'an 1281, au mois d'août. Dans la même séance de la cour du roi, Manasserus, abbé de Coulombs, obtint le jugement d'un autre procès qui durait depuis plus de trente ans. Il était intervenu vers l'année 1250 un jugement en la justice de Coulombs, qui avait ordonné un duel entre deux parties en litige, domiciliées dans la terre de Coulombs. Le procureur du roi à Nogent-l'Érembert prétendit que l'abbaye n'en avait pas le droit. L'abbé invoqua la possession immémoriale. Il convenait pourtant que les duels ordonnés en sa justice devaient être exécutés dans la cour du château de Nogent, en présence des officiers du roi ; mais il soutenait que quand même, par la médiation desdits officiers, le différend serait pacifié, les amendes lui appartenaient, et que dans le cas où le duel avait lieu, les biens du vaincu étaient confisqués à son profit. Il paraît que les officiers du roi convinrent du droit de l'abbé d'ordonner le duel, et qu'ils se réduisirent à soutenir que les amendes et la confiscation devaient appartenir au seigneur de Nogent. Le procès ne fut jugé que le lundi après la fête de la sainte Vierge 1281, et par l'arrêt qui intervint, l'abbé fut maintenu dans le droit et possession d'avoir toutes les amendes de ses hôtes et sujets, forfaitures et confiscations.

Sous le règne de Philippe, on avait commencé à donner à la ville de Nogent le surnom de Nogent-le-Roi, qu'on a substitué à celui de l'Érembert. Nous avons un contrat du mois de février 1284, intitulé du nom de Guillaume de Condé, prévôt de *Nogent-le-Roi*. Mais dans ce siècle et au commencement du suivant, on employa indifféremment les deux dénominations. Ce n'est que sous le roi Jean que la nouvelle dénomination a prévalu et fait oublier celle de l'Érembert.

Nous avons dit plus haut à l'article de Raoul de Toësny, troisième du nom, que les anciens seigneurs de Nogent avaient dans leur château un capitaine-châtelain, et que nos rois, devenus seigneurs de Nogent, avaient conservé ces officiers. Nous trouvons qu'en 1228 un nommé Chambelin était châtelain pour le roi saint Louis, de Nogent-l'Érembert. Le nommé Chambelin fut remplacé par Pierre de la Brosse, qui, ayant commencé par être barbier du roi

Louis, avait été mis au nombre de ses chambellans. Il est ainsi qualifié dans une quittance du mois d'avril 1266. Sa faveur augmenta encore sous le règne de Philippe le Hardi. Ce prince, par des lettres du mois de septembre 1270, donna à Pierre de la Brosse, son chambellan, 100 livres parisis pour chacun an, et 100 sols parisis en la paroisse de Nogent-l'Érembert que lui fera payer le bailli de Mantes. Cet homme fut employé dans les plus importantes affaires. Tout fléchissait devant l'orgueilleux favori. Toutes les grâces étaient pour sa famille ; mais enfin sa prospérité eut un terme. Louis, fils aîné du roi, étant mort, la Brosse osa insinuer à Philippe que la reine Marie avait empoisonné ce jeune prince. L'innocence de la reine Marie fut reconnue, le calomniateur arrêté et pendu en 1276. Tous ses biens furent confisqués.

Philippe III mourut le 5 octobre de l'année 1285. Après sa mort, la terre de Nogent fit partie de celles dont la jouissance fut donnée à la reine veuve pour son douaire.

XXI. Marie de Brabant, reine douairière usufruitière de Nogent-l'Érembert, de 1285 à 1321.

Le douaire de la reine Marie, veuve de Philippe III, fut composé, entre autres terres, de celles de Mantes, Nogent, Anet, Bréval et Montchauvet. Mantes était le siége d'un bailliage royal auquel ressortissaient les appels des prévôtés des terres sus-énoncées. Le bailli de Mantes venait chaque année tenir ses assises à Nogent. Il est vraisemblable qu'il les tenait pareillement à Anet, Bréval et Montchauvet.

Dans le carême de 1286, le prix du pain augmenta de telle sorte que la livre de pain, qui ne coûtait que 1 denier, monta à 9 deniers, et toutes les autres denrées enchérirent à proportion.

On trouve dans le chartrier de Coulombs des lettres du lundi après la saint Martin 1311, par lesquelles Marie, par la grâce de Dieu reine de France, déclare que la grâce de la vie qu'elle a accordée à un sujet de l'abbé de Coulombs, condamné à mort pour un homicide, ne pourra tourner au préjudice dudit abbé.

Il y a encore une sentence rendue aux assises tenues à Nogent par le bailli de Mantes, le lundi après l'octave de Saint-Martin, au mois de novembre 1313, à l'encontre du procureur d'office pour Madame à Nogent, par laquelle sentence l'abbaye de Coulombs est maintenue dans plusieurs droits, et notamment dans l'exemption du péage à Nogent et à Lormaye. Le bailli de Mantes était messire Jean de Tourneville, chevalier. Ces places étaient remplies par la haute noblesse; les baillis rendaient la justice par eux-mêmes ou par leurs lieutenants, sur les appels interjetés des jugements rendus par les prévôts.

Les hauts justiciers ont jugé en dernier ressort les procès civils et criminels de leurs justiciables jusques vers la fin du treizième siècle, que les appels devinrent communs. Ils accordaient des lettres de grâce aux criminels condamnés à mort. La reine Marie a joui de ces prérogatives dans les terres dont elle avait l'usufruit. Elle rendait pareillement des jugements en dernier ressort dans les matières civiles. Nous en trouvons un daté du vendredi après la Toussaint, en 1317, entre les abbé et religieux de Coulombs et le chapitre de Meung, seigneurs de Broué d'une part, et Robinet d'Islou, écuyer, d'autre part. Ce dernier prétendait avoir un droit de pâturage dans les bois de Broué appartenant aux religieux et au chapitre : ceux-ci niaient que ce droit lui appartînt. Ces prétentions respectives firent naître une contestation qui fut portée devant le bailli de la reine à Mantes, au siége d'Anet. Robinet d'Islou succomba devant ce juge; il interjeta appel et se pourvut devant la reine Marie, comme en cour souveraine. La reine nomma deux auditeurs, savoir messire Pierre de Blaru, chevalier, et le doyen de Mantes, pour entendre les parties. Le jugement fut rendu de par la reine, en présence de Louis, comte d'Évreux, son fils aîné. La reine approuva et confirma ce jugement, ordonna qu'il serait gardé, observé, et qu'aucune des parties ne pourrait aller à l'encontre.

L'arrêt est intitulé : Marie, par la grâce de Dieu, reine de France; il est dit au bas : en témoin de quoi avons fait mettre notre scel à ces présentes. Le scel était sur double queue, en cire blanche.

Par lettres patentes du mois de décembre 1317, le roi Philippe le Long avait érigé le comté d'Évreux en pairie en faveur de Louis, fils aîné de la reine douairière; par d'autres lettres du mois de juin 1318, le même roi comprit dans l'apanage de Louis les villes et châteaux de Mantes, Pacy, Anet, Montchauvet, Bréval et Nogent-le-Roi, pour en jouir après le décès de la reine Marie. Mais celle-ci survécut à son fils, mort à Paris le 19 mai 1349.

Il est à présumer que lorsque la reine Marie entra en possession de ces terres, les appels du juge de Dreux étaient portés devant le bailli de Mantes. J'ai lu dans l'histoire manuscrite de Dreux que Jean, second du nom, comte de Dreux, avait obtenu que les appels des jugements rendus par son bailli seraient portés devant le bailli de Gisors, avec inhibition aux officiers de la reine Marie d'en connaître; que Dreux a été du ressort du bailliage de Gisors jusqu'à ce que le roi Charles V, devenu comte de Dreux, eût ordonné, par des lettres patentes du 9 janvier 1378, que le bailliage de Dreux ressortirait nuement au parlement.

Lorsque la jouissance de la terre de Nogent avait été donnée à la reine Marie, l'abbé et les religieux de Coulombs avaient obtenu que leurs affaires personnelles ne seraient point à l'avenir portées devant le prévôt de Nogent, et que la connaissance en serait attribuée au bailli de Gisors. Cette attribution n'avait été donnée que pour un certain temps. Mais après que le roi Philippe V, dit le Long, eut compris la terre de Nogent dans l'apanage de Louis d'Evreux, l'abbé et les religieux de Coulombs obtinrent la continuation de l'attribution, par le motif que leur abbaye était sous la garde spéciale du roi. Cette grâce leur fut accordée par des lettres patentes du roi Charles le Bel, données à Paris, le 1er du mois d'avril 1321.

La reine Marie mourut le 12 janvier 1321 et fut inhumée dans l'église des Cordeliers, à Paris.

XXII. Philippe le Bon, dit *le Sage*, comte d'Évreux, seigneur apanagiste de Nogent-l'Érembert, de 1321 à 1343. (Roi de Navarre, du chef de son épouse, en 1328.)

Louis, comte d'Évreux, avait épousé, l'an 1300, Marguerite, fille de Philippe d'Artois, morte en 1311. De ce mariage vint un fils, appelé Philippe, lequel épousa en 1318, du vivant de son père, Jeanne, fille unique de Louis X, le Hutin. En 1319, Philippe devint comte d'Évreux par la mort de son père; en 1321, aussitôt après le décès de la reine Marie, son aïeule, il entra en possession des villes et châteaux de Mantes, Pacy, Anet, Montchauvet, Bréval et Nogent-le-Roi; mais il ne conserva point la jouissance des droits que son aïeule avait possédés, c'est-à-dire qu'il ne jouit point, comme elle, ni du droit de juger en dernier ressort, ni du droit de faire grâce aux criminels. Le roi Philippe le Long, en donnant ces terres en apanage à Louis, comte d'Évreux, père de notre Philippe, par ses lettres du mois de juin 1318, s'était réservé les églises privilégiées, tous cas de ressort et de souveraineté.

Philippe était dans sa terre de Nogent, au mois de décembre 1325. Charles de France, comte de Valois, d'Alençon, de Chartres, du Perche, d'Anjou et du Maine, fils puîné de Philippe le Hardi, le plus grand capitaine de son siècle, étant malade de la maladie dont il mourut, se fit transporter à Nogent-le-Roi chez Philippe, son neveu. Il y décéda, le 16 décembre 1325, et son corps fut transporté dans l'église des Jacobins de Paris, où l'on voit son tombeau. C'est de lui que sont descendus les rois de la branche des Valois. Ce prince avait obtenu du roi Philippe le Bel, son frère, le comté de Chartres, qu'il avait acquis lui-même en 1286 de Jeanne de Châtillon.

Le comte de Valois, en sa qualité de comte de Chartres, avait amorti en 1292 au chapitre de cette ville 100 sols et un muid de blé de rente, sur la grange des religieux de Coulombs à Sours. Il avait aussi vendu en 1319 au roi Philippe le Long le droit qu'il avait de faire battre monnaie à Chartres. Le roi Philippe VI, dit de Valois, son fils, étant parvenu au trône en 1328, réunit le comté de Chartres à la couronne. Il rendit en même temps à Jeanne, épouse de notre Philippe, le royaume de Navarre qui lui appartenait, et dont la possession avait été jusques-là retenue par les rois Philippe V le Long, et Charles IV le Bel.

Jeanne et son mari furent couronnés à Pampelune, le 5 mars 1329.

Vers 1330, un aumônier du roi donna à l'abbaye de Grandchamp un fief des Châteliers, situé dans la paroisse de Chaudon, dépendante du comté de Nogent. Le seigneur de Villiers, vassal de la terre de Nogent, de qui le fief était tenu, en accorda l'amortissement à l'abbaye de Grandchamp, par acte du 21 mai 1332. Philippe, roi de Navarre, en sa qualité de seigneur de Nogent, amortit aussi le fief des Châteliers par des lettres de l'année 1335 ; par d'autres lettres patentes du 24 avril 1339, il ordonna aux officiers de sa justice de Nogent de rendre un prisonnier à ceux de la justice de Coulombs.

En 1330, Jean Ier du nom, avait succédé à Robert d'Ivry, abbé de Coulombs. Nous avons deux chartes de cet abbé Jean Ier, datées du vendredi, lendemain de l'Assomption 1331. Par la première il donna à cens sept arpents de terre au hameau de Rosay ; par la seconde, il confirma le bail à cens de la même terre de Rosay, fait par l'abbé Robert II, en 1222.

Il éteignit en 1333 une redevance dont l'abbaye était tenue envers un de ses vassaux. Elle consistait originairement dans l'obligation d'envoyer à chaque fête de Noël, de Pâques, et à chaque Notre-Dame d'août, au seigneur du fief des Salles de Ruz, un pot de vin et une miche en son château de Ruz, par un valet à cheval, ayant des gants blancs aux mains. Cette servitude avait été dans la suite convertie en une prestation annuelle de 15 sols, qui, en 1333, faisaient un marc et un peu plus de la sixième partie d'un marc d'argent. Mais Jean de Marcuil, chevalier, seigneur de Ruz, vendit à l'abbé de Coulombs cette redevance, par contrat du 15 janvier de ladite année 1333.

C'est ce même abbé qui fit la paix en 1337 entre le comte de Dreux et le vicomte de Châteaudun, et qui, plus tard, en 1345, fut envoyé en ambassade en Espagne par le roi Philippe VI, de Valois.

Philippe, roi de Navarre et seigneur de Nogent, mourut à l'âge de trente-huit ans, le 16 septembre 1343, laissant plusieurs enfants mineurs, dont l'aîné était Charles, celui-là qui, dans la suite, fut appelé Charles le Mauvais et causa tant de maux à la France.

XXIII. **Jeanne,** reine de Navarre, usufruitière de Nogent, de 1343 à 1349.

Lors du mariage de Philippe, comte d'Évreux, avec Jeanne de France, la terre de Nogent avait fait partie du douaire promis à cette princesse. Elle en a joui après la mort de son mari. On trouve dans le chartrier de Coulombs des lettres de cette princesse, datées de Paris l'an 1346, relatives à la construction d'un pont faite par l'abbé sur le chemin de Coulombs à Lormaye, au lieu dit le Pont-de-Pierre ; elle y prend les qualités de fille du roi de France, et par la grâce de Dieu reine de Navarre, comtesse d'Évreux et dame de Nogent.

La reine Jeanne mourut à Conflans près Paris, le 6 octobre 1349. Elle fut inhumée à Saint-Denis, auprès du roi Louis X le Hutin, son père.

Pendant les années 1348 et 1349, la France éprouva les ravages de la plus cruelle épidémie dont l'histoire fasse mention. L'Europe perdit les deux tiers de ses habitants ; les vivants ne pouvaient suffire à ensevelir les morts.

XXIV. **Charles le Mauvais,** roi de Navarre et seigneur apanagiste de la terre de Nogent, de 1349 à 1386.

Charles, qui a été à si juste titre surnommé le Mauvais,

était en France avec sa mère, lorsqu'elle mourut. Il se rendit dans ses États, et fut couronné à Pampelune, le 27 juin 1350. Il s'arrêta peu dans son royaume. Il était dans son château de Nogent au mois d'août de la même année 1350 ; il y reçut la visite du roi Philippe VI dit de Valois, qui, le 29 janvier de l'année précédente, avait épousé Blanche de Navarre, sœur de Charles. A la suite du roi Philippe étaient les rois de Bohème, d'Écosse et d'Aragon, en sorte que cinq têtes couronnées se trouvaient réunies dans le château de Nogent. Mais les fêtes, qu'on se proposait d'y donner, furent changées en deuil par le décès du roi Philippe de Valois, arrivé le 22 août 1350.

Mézerai a dit de Charles le Mauvais qu'il avait toutes les bonnes qualités qu'une méchante âme rend pernicieuses, l'esprit, l'éloquence, l'adresse, la hardiesse et la libéralité. Ce prince a paru faire le mal pour le plaisir de mal faire. Sa vie est un tissu d'actions abominables, et les circonstances étaient telles qu'il pouvait les désirer pour donner l'essor à sa méchanceté. La France soutenait depuis longtemps une guerre malheureuse contre l'Angleterre ; la division régnait dans l'intérieur du royaume. Les Français avaient été battus, le roi fait prisonnier à la bataille de Maupertuis et conduit à Londres. Le dauphin, jeune encore, était sans autorité. Le roi de Navarre augmentait le trouble et la confusion. Plusieurs troupes répandues dans diverses parties de la France ravageaient et pillaient les campagnes, principalement le pays chartrain et la Beauce. Il y avait une garnison à Épernon qui rendait tout le voisinage malheureux, et ces brigands ou dépendaient du roi de Navarre, ou étaient favorisés par lui.

La terre de Nogent fut saisie au nom du roi Jean sur Charles le Mauvais, l'ennemi de la France et l'allié des Anglais.

Quoique la ville de Nogent fût environnée de troupes ennemies, les habitants demeurèrent fidèles au roi. La justice y était rendue en son nom. Nous avons des lettres patentes de Charles, fils aîné du roi de France, régent du royaume, duc de Normandie et dauphin de Viennois, données à Paris, le 22 octobre 1358, qui portent que les gens gouvernant la justice temporelle de l'abbaye de Coulombs lui ont exposé que les ennemis de l'État vexent le pays et le lieu de Coulombs; que les hôtes de l'abbaye ont été forcés de se retirer dans la ville de Nogent, qui est bien fermée; que les exposants n'osent tenir leurs plaids à Coulombs, ni dans les autres lieux dépendants de leur juridiction et justice, haute, moyenne et basse, qu'ils ont et tiennent du don de ses prédécesseurs qui les ont fondés; qu'ils ne peuvent l'exercer avec sûreté que dans la ville de Nogent, qui est du domaine royal; qu'ils ont supplié le régent de leur octroyer les congé et licence nécessaires à cet effet. Le régent leur accorda la permission requise, à la charge que les « religieux reconnaîtront que la ville de Nogent est un lieu royal où ils n'ont aucune juridiction, et qu'ils donneront lettres-patentes sous leurs sceaux, que la permission ne pourra être tirée à conséquence contre les droits du roi et ceux du régent ». Le régent enjoignit aux capitaine, bailli et prévôt dudit Nogent, de faire jouir les religieux de Coulombs de la grâce qui leur était ainsi accordée.

A cette époque la misère était générale; et ceux qui auparavant jouissaient d'une fortune considérable étaient réduits à chercher les moyens de subsister. Le setier de blé coûtait à Paris, en 1351, 10 livres tournois, qui feraient environ un marc d'argent de notre monnaie.

Il y eut plusieurs traités faits en différentes années avec le roi de Navarre, et qui furent enfreints par lui. Il y en eut un, entre autres, en 1365, après la mort du roi Jean, en conséquence duquel Charles rentra dans la possession de Nogent. On trouve dans le chartrier de cette terre un aveu qui lui fut rendu le 15 octobre 1367 du fief du Boullay-Mivoye, en sa qualité de seigneur de Nogent. Charles V fit saisir en cette année, 1367, toutes les terres que le roi de Navarre possédait en France. C'est après son voyage à Chartres, où il venait d'assembler les états généraux, que le roi, informé des bons services que lui avaient faits les arbalétriers de Nogent, accorda à seize d'entre eux l'exemption de tous subsides, par lettres patentes données au bois de Vincennes en juillet 1367. Nos rois ont joui de la terre de Nogent en conséquence de la saisie faite par Charles V, jusqu'à ce que la propriété en ait été délaissée au roi Charles VI.

Charles le Mauvais périt en 1386 d'un genre de mort aussi extraordinaire qu'imprévu, et dans les horreurs d'un supplice affreux.

XXV. Charles III, dit *le Noble*, Roi de Navarre et seigneur apanagiste de la terre de Nogent-le-Roi, de 1386 à 1404.

Charles III hérita par le décès de son père du royaume de Navarre et des terres dont il était propriétaire en France.

Les historiens assurent que Charles V, qui avait fait saisir ces terres, en avait accordé la jouissance au fils de Charles le Mauvais, et que cette grâce fut confirmée par Charles VI. Mais il est constant que Charles V et Charles VI ont fait percevoir par leurs officiers les revenus de la terre de Nogent-le-Roi, et que la justice s'y rendait en leurs noms ; c'est ce qu'il nous est facile de prouver.

Le roi Charles VI, par des lettres patentes données à Paris, le 13 août 1388, prohiba dans le commerce le cours des blancs deniers qui avaient été rognés. Ces lettres furent adressées aux baillis de Chartres, de Dreux, d'Évreux, et au bailli de Mantes, Meulan et Nogent-le-Roi. Le même roi, par d'autres lettres patentes données à Paris en 1393, confirma celles qui avaient été accordées le 11 décembre 1328 par Philippe, roi de Navarre, aux habitants de Montchauvet. Ces lettres de Charles VI furent adressées au bailli de Mantes, aux prévôts de Nogent, Anet et Bréval. L'ancien inventaire des titres de Coulombs rappelle un aveu rendu le 29 décembre 1393, reçu par Gibaut, alors tabellion juré du roi, notre sire, en la châtellenie de Nogent-le-Roi, plus un bail reçu le 26 mars 1397 par Guyard, clerc-tabellion du roi, notre sire, en la châtellenie de Nogent-le-Roi.

En 1395, la place de capitaine du château était occupée par Huë, seigneur du Boullay-Thierry, chevalier, chambellan du roi Charles VI. Ce seigneur mourut le 3 octobre de ladite année; le nom de son successeur, si toutefois il en eut un, nous est demeuré inconnu.

Des lettres de chancellerie, datées du dernier août 1400 pour les abbé et religieux de Coulombs, sont adressées au bailli de Mantes et Nogent-le-Roi, ou à son lieutenant dudit Nogent, comme le prochain juge royal des lieux. Enfin Charles VI donna des lettres-patentes au mois de mai 1402, qui règlent l'emploi des deniers communs des manufacturiers en draps de la ville de Lormaye. Elles sont adressées au bailli de Mantes, Nogent-le-Roi, Anet, Bréval et Montchauvet. Ces lettres renouvellent un précédent règlement fait par Guillaume Mauterne, écuyer, seigneur de Ruffin, jadis bailli desdits lieux pour le roi.

Quoique Charles VI fût en possession de la terre de Nogent, il n'en devint propriétaire que par le traité qu'il fit, le 9 juin 1404, avec le roi de Navarre. Ce traité fut enregistré au parlement, le 27 desdits mois et an.

Le 8 novembre 1391, l'abbé de Coulombs Jean III, surnommé Du Lac, reçut la foi et hommage de la mairie de Bréchamps.

Nous avons fait mention tout à l'heure de Lormaye. Lormaye est un faubourg de Nogent-le-Roi. Les draps qu'on fabriquait alors à Nogent avaient beaucoup de réputation. Ce commerce existait déjà du temps de saint Louis. Il paraît, par un ancien titre de 1257, qu'il y avait à Lormaye une halle aux draps. Dans des lettres patentes du roi Jean, données au mois de juin 1351, pour la levée d'une aide dans le bailliage d'Amiens, chaque brassin de drap de Nogent était taxé à 12 deniers parisis. On voit par les pièces de la liasse où se trouve l'ordonnance de 1402 ci-dessus citée, et par un compte des revenus de la terre de Nogent pour l'année 1579, que ce commerce s'est soutenu jusqu'au commencement du dix-septième siècle. Il y avait encore à Lormaye un commerce considérable de tannerie qui a subsisté jusque dans ces derniers temps. Ces deux branches de commerce sont entièrement perdues, et les habitants du village de Lormaye sont aujourd'hui dans la plus grande misère.

XXVI. Le roi **Charles VI**, seigneur de Nogent-le-Roi, de 1404 à 1422.

Ainsi que nous l'avons dit dans l'article précédent, Charles VI ne devint seigneur de la terre de Nogent que par la cession qui lui en fut faite par le traité du 9 juin 1404 avec le roi Charles III de Navarre.

Une ordonnance des trésoriers de France du 20 février 1409 nous apprend que la chambre des comptes élisait le prévôt de Nogent-le-Roi; qu'il prêtait serment au parlement, qui lui accordait des provisions; que ce prévôt faisait la recette des droits ordinaires et casuels dus au roi.

Une sentence des requêtes du palais du 11 février 1410 évoqua le procès pendant par-devant le bailli de Mantes et de Nogent-le-Roi, entre le procureur du roi d'une part, et les abbé et religieux de Coulombs d'autre part, au sujet de certains ponts près le moulin à tan des religieux. La prévôté de Nogent-le-Roi, après la réunion à la couronne, continua donc de ressortir au bailliage de Mantes. Ce n'est qu'en 1444 que Nogent a été compris dans le bailliage de Chartres, ainsi que nous l'expliquerons dans la suite.

Par une ordonnance du 25 mai 1413, la place de capitaine-châtelain de Nogent fut supprimée avec plusieurs autres, par le motif qu'il n'y avait plus de château à Nogent. Il avait été sans doute démoli pendant les années de calamité que le royaume venait d'éprouver. On voit par cette ordonnance du 25 mai 1413 que les appointements du capitaine de Nogent étaient de 100 livres par an, qui feraient environ 800 livres de notre monnaie. Mais le setier de blé, mesure de Nogent, était alors à 16 sols, et l'on aurait alors acheté avec 800 livres de notre monnaie la même quantité de blé qui nous coûterait maintenant 2,500 livres.

La communication entre Coulombs et Nogent était extrêmement difficile à cette époque; on était obligé de suivre dans le vallon un chemin fangeux qui conduisait à un pont, appelé le Pont-Marin, placé sur la rivière d'Eure, vis-à-vis la partie de la ville de Nogent la plus éloignée de Coulombs. Mais lorsque, dans l'hiver, la rivière était débordée, toute communication se trouvait absolument interdite entre des habitations aussi voisines. On éprouva ce désastre en 1408. Il y avait de toute ancienneté à Coulombs un marché par chaque semaine et quatre foires par an, la première des foires à la Chandeleur, la seconde à la Notre-Dame de mars, la troisième à la mi-août, et la quatrième à la Saint-Michel. Il survint, à la fin de janvier et au commencement de février 1408, une inondation si considérable que les marchands qui se rendaient à Coulombs pour la foire de la Chandeleur furent arrêtés à Nogent sans pouvoir arriver à Coulombs. Ils tinrent la foire dans la place d'un faubourg de Nogent appelé Lormaye. Le fermier de l'abbaye crut pouvoir y lever les droits que les marchands lui auraient payés si la foire avait été tenue à Coulombs. Le procureur du roi au bailliage de Nogent regarda cette perception comme une entreprise sur les droits du roi, seigneur de Nogent. Il se pourvut contre l'abbé et sa communauté. Il nous reste quelques fragments de ce procès, sur lequel il y eut vraisemblablement un arrangement entre les parties.

En l'année susdite de 1408 le setier de blé, mesure de Nogent-le-Roi, ne coûtait que 12 sols 6 deniers, qui feraient environ 4 livres 16 sols de notre monnaie. Mais en 1415 et années suivantes, jusques en 1425, il fut d'une cherté excessive. La France était alors déchirée par des factions intérieures, ravagée par les différents partis et presque à la merci des troupes anglaises. Les biens de l'abbaye de Coulombs furent dévastés, l'église, le monastère, les bâtiments des fermes détruits ou brûlés, les religieux dispersés et réduits à la plus affreuse misère.

XXVII. Le roi **Charles VII,** seigneur de Nogent-le-Roi, de 1422 à 1445.

Lorsque Charles VII parvint au trône par le droit de sa naissance, les Anglais étaient maîtres de la ville de Paris et des plus belles provinces du royaume, notamment de celle de la Beauce. Ce prince, n'étant encore que dauphin, avait pris en 1421 la ville de Nogent-le-Roi, qui s'était rendue à composition ; mais il ne put la conserver que jusqu'en 1428, que le comte de Salisbury la soumit au roi d'Angleterre et passa une partie de la garnison au fil de l'épée. Le comte de Salisbury fit garder cette place par une garnison anglaise, dont le capitaine faisait contribuer tous les pays des environs. La Beauce, pendant dix ou douze ans, fut livrée aux déprédations des armées françaises et bourguignonnes. La désolation était extrême.

Henri V, roi d'Angleterre, était venu en 1421 assiéger Dreux ; il s'en était emparé après deux mois de siége. Les habitants avaient envoyé à Bourges demander du secours à Charles VII, qui n'était alors que dauphin. Mais il avait répondu aux députés qu'il était hors d'état de leur en fournir. Alors la ville avait pris le parti de capituler, et par un des articles de la capitulation elle s'était soumise à payer 350 saluts d'or. Mais, nonobstant le payement de cette somme et les articles de la capitulation, Tillières, gouverneur de la place, avait été pendu, et plusieurs des habitants massacrés. Ce n'est qu'en 1439 que Charles VII se rendit maître de la ville de Dreux moyennant 20,000 livres qu'il paya à un capitaine aragonais qui commandait la place et qui la lui livra. La ville de Chartres avait été soumise à son obéissance dès 1432 et la ville de Paris le 13 avril 1436.

Martin de Ronceray, abbé de Coulombs, étant venu à décéder au mois de mai 1438, le prieur et les religieux de l'abbaye en firent part aux prieurs forains et aux religieux absents, par des lettres datées du dernier jour dudit mois de mai, et les avertirent de se trouver en l'église des

Frères-Prêcheurs de Chartres, comme lieu sûr, le 15 juillet lors prochain ; pour, « icelui jour et suivants, être procédé à l'élection du successeur de feu bonne mémoire Martin, naguères abbé. » La ville de Chartres fut choisie parce que le roi Charles VII y tenait une forte garnison. Le chapitre assemblé, après avoir observé les formes en tel cas requises, élut pour abbé Ferrand de Monstereuil. Nous ignorons s'il était profès de la maison de Coulombs. Cet abbé obtint du pape Eugène IV une bulle datée du 11 des calendes d'avril 1440, portant union à son abbaye d'une petite maison de filles appelée l'abbaye Sainte-Gemme, située près la ville de Dreux. Les motifs de l'union furent, d'un côté, qu'il n'y avait qu'une religieuse à Sainte-Gemme ; que, d'un autre côté, les revenus de l'abbaye de Coulombs avaient été perdus pendant les guerres, de façon qu'il n'existait actuellement que neuf ou dix religieux dans l'abbaye, qui, auparavant, en nourrissait et entretenait plus de cent. Cette bulle ne fut exécutée qu'après le décès de Ferrand de Monstereuil.

L'église de Coulombs possédait et possède encore une relique, qui était alors dans la plus grande vénération. On l'appelle le reliquaire de la Circoncision de Notre-Seigneur. Un gentilhomme, seigneur de la terre de Villiers, à une lieue de Coulombs, l'avait apportée d'Orient dans le temps des croisades. Il l'avait achetée des Grecs, et en avait donné un prix considérable. Il en avait fait don, à son retour, à l'abbaye. Cette relique avait la réputation d'être d'un secours merveilleux pour les femmes en couches. Henri V, roi d'Angleterre, ayant entendu parler des vertus de la relique, désira qu'elle fût portée dans son royaume, pour procurer l'heureuse délivrance de la reine son épouse, qui était enceinte. On s'empressa de le satisfaire, et la reine ayant accouché heureusement d'un fils, qui fut dans la suite roi d'Angleterre sous le nom de Henri VI, la relique fut rapportée en France et déposée à la Sainte-Chapelle de Paris. Elle fut ensuite, à la sollicitation de l'abbé de Coulombs, confiée à la garde des religieux de l'abbaye de Saint-Magloire dans la même ville. Le roi Charles VII, par des lettres-patentes données à Senlis, le 23 mai 1441, adressées à la chambre des comptes, enjoignit à l'abbé de Saint-Magloire de rendre la relique à celui de Coulombs. La chambre des comptes ordonna l'exécution des lettres, à la charge que l'abbé de Coulombs ferait sa soumission de ne point transporter la relique hors de Paris sans le congé et consentement du roi et de son conseil. L'abbé fit en conséquence un acte tel qu'il était exigé, reçu par Delahalle et de Chantenier, notaires au Châtelet de Paris, le vendredi deuxième jour de juin 1441. Cet acte est déposé au Trésor des chartres. L'abbé Ferrand de Monstereuil mourut en 1342, et la précieuse relique revint peu de temps après à l'abbaye de Coulombs.

Dans l'année 1444, par des lettres patentes du mois de décembre, le roi Charles VII fit une donation à Pierre de Brezé, son chambellan, pour lui, ses héritiers et ayants cause, des terres de Nogent-le-Roi, Anet, Bréval et Montchauvet, échues (portent les lettres patentes) aux rois prédécesseurs, comme forfaites et confisquées pour crime de lèse-majesté, commis par le feu roi de Navarre (Charles le Mauvais). Ces lettres furent enregistrées au parlement, le 18 janvier 1445, à la charge que la donation n'aurait effet que pour ledit de Brezé et ses hoirs, descendants de lui en droite ligne et en légitime mariage, et à la charge que lesdites terres seraient du ressort du bailli de Chartres. Les lettres patentes et l'arrêt de l'enregistrement nous donnent lieu de faire deux remarques importantes. La première est que c'est par erreur qu'il est dit dans ces lettres patentes que les terres qui font l'objet de la donation ont été acquises au roi par la confiscation qui en a été faite sur le roi de Navarre. Il n'y a point eu d'arrêt rendu contre ce prince. C'est par l'accord fait le 9 juin 1404 que le roi Charles VI les a réunies à sa couronne. La seconde observation est que c'est en conséquence de l'arrêt d'enregistrement des lettres patentes de 1444, que les terres de Nogent-le-Roi, Anet, Bréval et Montchauvet ont été distraites du ressort du bailliage de Mantes et placées dans celui de Chartres.

Nous croyons devoir expliquer à cette occasion comment et en quel temps le bailliage de Chartres est devenu bailliage royal.

Le roi Philippe le Bel avait fait en 1286 l'acquisition du comté de Chartres. Il l'avait soumis d'abord au bailliage de Gisors, qui avait sous sa juridiction une partie du diocèse de Chartres, notamment le comté de Montfort. Nous trouvons un bailli royal à Chartres en 1288, 1289 et 1292. Mais le roi Philippe le Bel ayant donné à Charles, comte de Valois, son frère, le comté de Chartres, avec tous les droits et prérogatives qui avaient appartenu aux anciens comtes, le bailliage de Chartres devint un bailliage seigneurial. Après le décès de Charles, comte de Valois, le comté de Chartres appartint à Charles II, son second fils; celui-ci en fit l'échange en 1326 avec Philippe, son frère aîné, pour les comtés du Perche et d'Alençon. Nous trouvons deux aveux passés en 1309 et 1311, du vivant du comte de Valois, par-devant des notaires de Chartres. Ces officiers ne prennent que la qualité de notaires de la châtellenie de Chartres. Il y est dit que leurs actes ont été scellés du scel de ladite châtellenie. Mais Philippe de Valois étant parvenu à la couronne en 1328, y réunit le comté de Chartres. C'est à cette époque que le bailli de ce comté est devenu bailli royal; et ce n'est qu'en conséquence de l'arrêt d'enregistrement de la donation faite à Pierre de Brezé des terres de Nogent-le-Roi, Anet, Bréval et Montchauvet, du 18 janvier 1445, que ces terres ont été distraites du ressort du bailliage de Mantes, et ont été incorporées à celui de Chartres.

XXVIII. **Pierre de Brezé,** seigneur de Nogent-le-Roi, de 1445 à 1465.

Pierre de Brezé, devenu seigneur de Nogent, obtint du roi une somme d'argent pour l'aider à fortifier sa ville de Nogent. Il fit démolir l'ancien château, qui avait été longtemps habité par nos rois, et il fit construire celui qui existe aujourd'hui. Cette construction, commencée sous le règne de Charles VII, fut finie dans la seconde année du règne de Louis XI. Pierre de Brezé eut l'honneur d'y recevoir ce prince, qui vint y passer quelques jours au mois d'avril 1464.

Je trouve dans le compte du receveur de la terre de Nogent, pour l'année 1464, qu'à l'occasion de la prochaine arrivée du roi, Pierre de Brezé avait fait acheter, chez un charpentier de la ville de Nogent, deux poinçons de vin clairet qui avaient coûté 110 sols parisis, ou 6 livres 7 sols 6 deniers tournois. Il avait aussi fait acheter vingt et un pourceaux, qui avaient coûté 26 livres 1 sol 6 deniers tournois. On voit par ce même compte qu'un homme de journée gagnait 2 sols par jour. Le setier de blé, mesure de Nogent-le-Roi, coûtait 12 sols. Un journalier gagnait donc par jour la sixième partie d'un setier de blé ; les 2 sols produisaient pour lui plus d'effet que ne feraient aujourd'hui 50 sols, en supposant le prix du setier de blé à 20 livres.

Pendant son séjour au château de Nogent, le roi Louis XI accorda à l'abbé Jean Lamirault des lettres patentes, datées de Coulombs, avril 1464, par lesquelles il confirma tous les biens et droits qui appartiennent à l'abbaye. C'est cet abbé qui poursuivit l'exécution de la bulle obtenue par son prédécesseur pour l'union de l'abbaye de Sainte-Gemme à celle de Coulombs. Le commissaire nommé par le Pape pour exécuter la bulle, dit dans son procès-verbal, daté du 22 juillet 1444, qu'il s'est transporté à Coulombs et à Sainte-Gemme ; que les revenus des deux monastères ont été considérablement diminués par les guerres ; que dans celui de Coulombs, où étaient autrefois plus de quatre-vingt-dix religieux, on ne peut en nourrir que neuf ou dix ; que les revenus de celui de Sainte-Gemme, en y comprenant deux muids de grains que lui payait annuellement l'abbaye de Coulombs, ne montent pas au-dessus de 8 livres ; qu'il n'y avait à Sainte-Gemme qu'une seule religieuse, qui était l'abbesse ; qu'elle vit comme une mendiante ; qu'elle vient rarement dans son abbaye, et qu'on n'y célèbre que trois ou quatre messes chaque année. L'abbesse donna son consentement à l'union au moyen d'une pension de 15 livres tournois que lui fit l'abbaye de Coulombs. Avec ces 15 livres tournois, on pouvait acheter quinze setiers de blé, qui, à raison de 20 livres le setier, coûteraient aujourd'hui 300 livres. Il paraît que, quoique l'abbesse eût donné son consentement à l'extinction de son abbaye, l'union n'était pas encore consommée seize ans après, puisque nous trouvons que dans cet espace de temps il y a 'eu cinq abbesses, dont la dernière a été Colette de Graveron, qui, le 28 décembre 1460, prêta serment de fidélité à l'évêque de Chartres.

L'église et les bâtiments de l'abbaye de Coulombs ayant été brûlés et détruits pendant le cours des guerres entre la France et l'Angleterre, l'abbé et les religieux s'occupèrent du soin de les rétablir. Ils commencèrent par l'église, qu'ils réparèrent le mieux qu'il leur fut possible ; mais le royaume délivré des horreurs de la guerre, l'agriculture et le commerce renaissants, l'abbé Jean Lamirault forma le projet de construire une nouvelle église sur un magnifique plan. Pour subvenir à cette dépense, l'abbé obtint du pape Eugène IV des indulgences pour ceux des fidèles qui contribueraient à l'entreprise.' Il obtint du roi de France et du roi d'Angleterre, à qui la Normandie appartenait encore, la permission de faire publier les indulgences dans les terres de leur obéissance, et d'y conduire la relique du saint Prépuce, une fois par an. Il est dit dans les lettres-patentes données à ce sujet, le 28 juillet 1447, par Henri VI, roi d'Angleterre, que l'abbaye de Coulombs est située sur les marches de France ; qu'avant les guerres il y avait cent religieux ; qu'elle est devenue en telle désolation qu'il n'y a actuellement que douze religieux qui vivent dans la plus grande pauvreté. Les secours que cet abbé trouva dans la piété des fidèles le mirent en situation de commencer à exécuter une partie de son projet.

Les écussons qui sont dans les clefs de la voûte de l'église prouvent que c'est lui qui a bâti les deux premières arches. Dans la première, où est le rond-point, sont les armes du roi Charles VII. Dans la seconde sont les armes du Dauphin, qui a été ensuite le roi Louis XI; ce qui prouve que cette seconde arche a été faite avant 1461.

Pierre de Brezé fut tué en 1465 à la rencontre de Montlhéry.

XXIX. **Jacques de Brezé,** seigneur de Nogent-le-Roi, de 1465 à 1494.

Jacques de Brezé, fils de Pierre, avait été marié en 1462 avec Charlotte de France, fille naturelle de Charles VII et d'Agnès Sorel.

Après treize ans de mariage, Jacques étant à Ramiers, près Dourdan, surprit sa femme en adultère et la tua la nuit du samedi au dimanche, 3 juin 1475. Il la fit transporter à l'abbaye de Coulombs, où elle fut inhumée dans l'ancienne église, qui n'existe plus aujourd'hui. Louis XI le fit arrêter et lui fit faire son procès. Le roi lui fit grâce de la vie; mais, par arrêt du 2 septembre 1481, Jacques fut condamné en une amende de cent mille écus d'or, et, pour payer cette amende, il abandonna au roi toutes ses terres, par acte passé devant notaires à Tours, le 5 octobre 1481. Dans le même mois Louis XI en fit une donation à Louis de Brezé, fils aîné de Jacques et de Charlotte de France. Mais, après la mort du roi, Jacques de Brezé se pourvut au parlement en 1484, et obtint un arrêt qui annula toute la procédure faite contre lui, et le rétablit dans tous ses droits.

Nous avons dit que la première arche de la nouvelle église de l'abbaye de Coulombs portait l'écusson du roi Charles VII, la seconde les armes du Dauphin (depuis Louis XI); dans la troisième arche sont les armes de Jacques de Brezé, seigneur de Nogent; ce qui fait connaître que cette troisième arche a été finie avant 1494, et que c'est Étienne Berthier, successeur de l'abbé Jean Lamirault, qui l'a fait construire.

Charles VII avait approuvé, par des lettres patentes du 21 janvier 1442, le projet de rendre la rivière d'Eure navigable depuis la ville de Chartres jusqu'au Vaudreuil, où cette rivière se joint à la Seine. Il survint plusieurs oppositions à l'enregistrement des lettres patentes. Les oppositions ne furent jugées qu'en 1493, par arrêt du 24 mai de ladite année, qui ordonna que les lettres patentes seraient enregistrées aux charges énoncées dans l'arrêt. En exécution des lettres patentes et de l'enregistrement, la rivière d'Eure fut rendue navigable. Elle a porté bateau depuis Chartres jusqu'au Vaudreuil pendant deux siècles. Cette navigation fut d'abord suspendue lors des travaux que Louis XIV fit faire à Maintenon en 1685 et 1686; elle a été ensuite totalement abandonnée; ce n'était pourtant pas l'intention de Louis XIV, car on voit que dans les changements faits dans le lit de la rivière, on a pris toutes les précautions nécessaires pour conserver la navigation.

Jacques de Brezé décéda à Nogent-le-Roi, le 14 août 1494, et fut inhumé dans l'ancienne église de Coulombs, un peu au-dessous du tombeau de son épouse. Il avait légué, par son testament du 10 août 1490, 30 livres de rentes à l'abbaye de Coulombs, pour un service qu'on célèbre pour le repos de son âme le 30 août de chaque année.

En 1475 le setier de blé, mesure de Nogent-le-Roi, coûtait 9 sols 6 deniers. Un charpentier gagnait 5 sols par jour, un journalier 2 sols. La journée du charpentier lui produisait plus de la moitié d'un setier de blé, et celle d'un simple journalier environ la cinquième partie d'un setier. En supposant aujourd'hui le prix d'un setier de blé à 20 livres, les 5 sols du charpentier produiraient pour lui l'effet que produisent 10 livres de notre monnaie, et les 2 sols du journalier l'effet que produiraient 4 livres.

La communication de la Beauce avec la ville de Paris devait être alors bien difficile. En effet un setier de blé, mesure de Nogent-le-Roi, faisant treize boisseaux de Paris, était vendu à Nogent, en 1476, 9 sols 6 deniers tournois; un setier de blé coûtait à Paris 18 sols. On aurait donc eu l'occasion de doubler son argent, si le transport avait été facile; ou le blé aurait diminué de prix à Paris.

XXX. **Louis de Brezé,** seigneur de Nogent le-Roi, de 1494 à 1531.

Louis de Brezé, premier chambellan du roi, chevalier de son ordre et grand sénéchal de Normandie, avait épousé en secondes noces, le 29 mars 1514, Diane de Poitiers, qui fut depuis duchesse de Valentinois. Il n'eut que deux filles de ce mariage : l'aînée, Françoise de Brezé, épousa en 1538 Robert de la Mark, duc de Bouillon, prince de Sedan; la seconde, Louise de Brezé, fut mariée le 1er août 1547 à Claude de Lorraine duc d'Aumale.

C'est Louis de Brezé qui a fait édifier l'église paroissiale de la ville de Nogent-le-Roi. Dans la première clef de la voûte du chœur sont les armes de France. Dans la seconde est l'écusson d'Anne de Bretagne, avec le cordon de l'ordre de la Cordelière et la couronne de reine, ce qui indique que la seconde arche a été finie en 1498, temps où cette princesse, étant veuve de Charles VIII, institua son ordre de la Cordelière. Dans la clef de la voûte de la troisième arche sont les armes du premier Dauphin, fils de François Ier, né en 1517 et mort en 1536. Enfin dans la quatrième est l'écusson de Louise de Brezé, avec le cordon de l'ordre du roi, dont Louis de Brezé avait été décoré à la cérémonie du jour de Saint-Michel 1527. Cette quatrième arche a donc été construite dans l'intervalle de 1527 à 1531, année du décès de Louis de Brezé.

C'est aussi du vivant de Louis de Brezé que furent faites la consécration et la dédicace de la nouvelle église de l'abbaye de Coulombs, en 1530. Quatre évêques, plusieurs abbés et un grand nombre de personnes de considération assistèrent à cette cérémonie. Coulombs n'avait plus à cette époque d'abbé régulier. Le dernier abbé régulier, Guillaume de Hargeville, issu d'une noble famille du Vexin français, celui-là dont les armes sont à la quatrième arche de la nouvelle église de l'abbaye, avait résigné en 1515 à Mille d'Illiers, licencié ès-lois, doyen de l'église de Chartres, sous la réserve d'une pension. Mille d'Illiers, sur cette résignation avait obtenu des bulles en cour de Rome pour posséder l'abbaye en commende. Il prit possession de l'abbaye en 1518, et concourut à la construction de l'église. Ses armes sont dans la dernière chapelle à droite, et dans la dernière clef de la voûte du bas côté qui y est correspondant. Mille d'Illiers, nommé en 1526 à l'évêché de Luçon, s'étant démis de l'abbaye, le roi avait nommé à sa place Louis de Bourbon, évêque de Laon et cardinal du titre de Sainte-Sabine. Ce prélat, fils de François de Bourbon, comte de Vendôme, et de Marie de Luxembourg, ayant été nommé dès 1528 à l'abbaye de Saint-Denis, donna aussitôt sa démission de celle de Coulombs. En 1530, année de la consécration et de la dédicace de la nouvelle église de l'abbaye, Pie de Savoie, des princes de Carpi, nonce du pape en France, était abbé de Coulombs.

Louis de Brezé fit transporter de l'ancienne église dans la nouvelle les cercueils de ses père et mère, et les fit inhumer au milieu du chœur. Il fit poser sur le tombeau une plaque de cuivre, avec l'inscription suivante :

« Cy gist Haut et Puissant seigneur, Me Jacques de Brezé,
« comte de Maulevrier, baron de Bec-Crespin et de Mauny,
« seigneur de Haut-Rocher, Planes, Anet, Bréval, Mont-
« chauvet et Nogent-le-Roy, où il mourut le quatorzième jour
« d'aoust 1494, et Madame Charlotte de France, sa femme,
« qui mourut le trois juin 1475. »

Dans le temps que Guillaume de Hargeville était abbé de Coulombs, c'est-à-dire de 1503 à 1515, on donnait à chaque novice deux pains de douze onces chacun par jour. C'était vingt-quatre onces qui, par chaque année, faisaient cinq cent quarante sept livres et demie de pain. Mais, pour produire cette quantité de pain, on employait près de quatre setiers de blé, mesure de Nogent-le-Roi, qui en font quatre et un tiers de Paris. Aujourd'hui on n'emploie que deux setiers de blé et la cinquième partie d'un setier, mesure de Nogent, pour faire la même quantité de pain.

En 1521 et 1522 il y avait eu une grande disette de blé. Le setier de blé, mesure de Nogent, se vendait 4 livres 2 sols, ce qui faisait un peu plus de 18 livres de notre monnaie. En l'année 1523, les biens du clergé avaient été imposés pour subvenir aux besoins de l'État.

Louis de Brezé mourut à Anet, le 23 juillet 1531. Il fut inhumé dans l'église de Notre-Dame de Rouen, et son cœur fut porté dans l'église de l'abbaye de Coulombs.

XXXI. **Françoise de Brezé,** Dame de Nogent-le-Roi, de 1531 à 1574.

Les deux filles de Louis de Brezé étaient mineures, lorsque leur père mourut en 1531. Diane de Poitiers, sa veuve, eut la garde noble de ses filles, à l'aînée desquelles la terre de Nogent appartenait.

Diane obtint du roi François Ier, par des lettres patentes données à Paris, le 15 septembre 1536, sur sa demande et celle tant des habitants de Nogent que de ceux de Coulombs, la permission d'imposer sur eux une somme de 600 livres (environ 2,300 livres de notre monnaie) pour réparer les fortifications de la ville de Nogent. Ces lettres furent entérinées au bailliage de Chartres, le 4 octobre suivant.

Françoise de Brezé, dame de Nogent, fut mariée le 19 janvier 1538, ainsi que nous l'avons dit, à Robert de la Mark, duc de Bouillon, prince souverain de Sedan, maréchal de France. Il mourut en 1556, laissant plusieurs enfants de son mariage, entre autres Henri-Robert de la Mark, son fils aîné, et Charles-Robert, qui, dans la suite, devint seigneur de Nogent.

Pie de Savoie, ayant été nommé cardinal en 1535, s'était démis de l'abbaye de Coulombs en 1540, avec l'agrément du roi, en faveur de Nicolas Gaddi, Florentin, parent de la reine Catherine de Médicis. Ce prélat, nommé archevêque de

Gonza, au royaume de Naples, passa en Italie en 1547, et donna sa démission de l'abbaye de Coulombs. Sur la démission du cardinal Gaddi, le roi Henri II nomma à l'abbaye de Coulombs Étienne de Brezé, maître des requêtes, frère de Louis de Brezé, seigneur de Nogent-le-Roi et grand sénéchal de Normandie. Étienne de Brezé mourut dans la maison abbatiale de Coulombs le 16 août 1561, et fut inhumé dans la chapelle de la Vierge, où l'on voit son tombeau. Il a laissé après lui la réputation d'avoir eu pitié de l'indigence. Le souvenir de ses aumônes abondantes s'est conservé par la tradition à Coulombs. Martin de Beaune, chancelier de la reine Catherine de Médicis, fut nommé à l'abbaye de Coulombs après la mort d'Étienne de Brezé. De son temps l'abbaye éprouva bien des calamités. En 1562, année où fut donnée la bataille de Dreux, elle eut à souffrir du voisinage des deux armées ; mais elle fut bien plus maltraitée quelques années après. Le prince de Condé, chef du parti des huguenots, étant venu faire le siége de la ville de Chartres en 1567, à l'approche de son armée, les moines de Coulombs avaient pris la fuite. Ils eurent lieu de s'en féliciter : une partie de l'armée huguenote vint à Coulombs et y séjourna dix-sept jours.

L'abbaye fut pillée et brûlée. L'argenterie de l'église fut enlevée; les images et les reliques furent consumées par le feu. Les soldats portèrent la fureur jusqu'à ouvrir les tombeaux, et faire brûler les ossements qu'ils en retirèrent. On voit encore dans le cloître quelques figures de pierre qu'ils ont mutilées. Il y avait sur un des piliers du cloître une statue en pierre de saint Benoît. Les soldats firent des efforts pour la briser. La tête de la statue en tombant écrasa l'un d'entre eux, ce qui épouvanta tellement les autres qu'ils se retirèrent avec précipitation. Dans cette incursion hostile, tous les titres restés dans l'abbaye, et que les moines n'avaient pu emporter, furent brûlés. L'incendie dura huit jours.

Le roi Charles IX fit l'honneur à Françoise de Brezé de venir passer quelques jours dans son château de Nogent, au mois de mai 1571.

C'est pendant le séjour qu'il y fit, qu'il accorda à Henri, comte de Clermont-Tonnerre, un brevet daté du 1er mai, portant promesse d'ériger le comté de Clermont en duché-pairie. Ce brevet n'eut point alors d'effet, le comte de Clermont ayant été tué au mois d'avril 1573, au siége de la Rochelle. Ce n'est qu'en 1775 que le vœu de Charles IX a été accompli en faveur du maréchal duc de Clermont-Tonnerre, chef de l'illustre maison de ce nom.

Françoise de Brezé décéda en 1574, et par son décès la terre de Nogent passa à Henri-Robert de la Mark, son fils aîné.

XXXII. **Henri-Robert de la Mark**, duc de Bouillon, prince de Sedan, seigneur de Nogent-le-Roi, en 1574.

Henri avait épousé le 7 février 1558 Françoise de Bourbon, fille du duc de Montpensier. De ce mariage vinrent plusieurs enfants, deux garçons et une fille. Henri ne jouit que quelques mois de la terre de Nogent. Il mourut le 2 décembre 1574.

XXXIII. **Guillaume-Robert de la Mark,** duc de Bouillon, prince de Sedan, seigneur de Nogent-le-Roi, de 1574 à 1588.

Guillaume, fils aîné d'Henri-Robert, était né le 1er janvier 1562. Il mourut à Genève le 1er janvier 1588, à l'âge de vingt-six ans, sans avoir été marié. Son frère puîné était mort jeune. Charlotte de la Mark, sa sœur, fut mariée en 1591 avec Henri de la Tour d'Auvergne, vicomte de Turenne.

En 1577 Martin de Beaune, abbé de Coulombs, nommé évêque du Puy, fit passer l'abbaye à Jean-Baptiste Tiercelin de la Roche du Maine, prêtre du diocèse de Poitiers, son parent. Celui-ci ayant été fait à son tour évêque de Luçon, se démit de l'abbaye de Coulombs en 1587, avec l'agrément du roi, en faveur de Renaud de Beaune archevêque de Bourges, sous la réserve d'une pension de 4,000 livres. Renaud de Beaune, immédiatement après sa prise de possession de l'abbaye, fit transporter à Paris la majeure partie des titres qui avaient été sauvés de l'incendie de 1567. Ce déplacement de titres, qui, dans le temps, déplut beaucoup aux religieux, est ce qui nous les a conservés, comme on le verra tout à l'heure.

XXXIV. **Charles-Robert de la Mark**, seigneur de Nogent-le-Roi, de 1588 à 1617.

A la mort de Guillaume de la Mark, la terre de Nogent se trouva appartenir à Charles-Robert, son oncle, second fils de Robert de la Mark et de Françoise de Brezé, à l'exclusion de Charlotte, sœur de Guillaume, sans doute en vertu d'une substitution. Il prétendait que le duché de Bouillon et la principauté de Sedan lui appartenaient, et il en prenait les titres. Mais Charlotte de la Mark s'en était mise en possession. Elle conserva ces souverainetés dont elle transmit la propriété à son décès sans enfants, au vicomte de Turenne, son époux

Le roi Henri III avait envoyé à tous les lieutenants généraux des bailliages et sénéchaussées du royaume des lettres patentes à l'effet de faire nommer des députés pour les états généraux du royaume, qui étaient indiqués dans la ville de Blois pour le 15 septembre 1588. Le lieutenant général de Chartres adressa à tous les juges de son bailliage une commission en date du 4 juillet, de ladite année, relative à cet objet. Cette commission fut publiée en la justice de Nogent, le 15 du même mois. Les paroisses de la châtellenie envoyèrent à Nogent-le-Roi des députés qui, le 1er du mois d'août suivant, en nommèrent d'autres pour se trouver à l'assemblée générale des députés du bailliage, où devait se faire, le 8 août, le choix de ceux qui devaient représenter le pays chartrain dans les états du royaume. Tout le monde sait les événements qui arrivèrent à Blois pendant que les états étaient assemblés, et ce qui s'en suivit. Lorsque Charles-Robert devint seigneur de Nogent, le royaume était livré en proie à des dissensions civiles, qui augmentèrent après la mort de Henri III, arrivée le 1er août 1589. La Ligue repoussait Henri IV d'un trône auquel sa naissance l'appelait.

Un petit nombre de seigneurs soutenaient les droits du souverain légitime. De ceux-ci était le maréchal de Biron. A la fin de novembre 1589, il vint assiéger la ville de Nogent. Le maréchal et plusieurs officiers généraux étaient logés dans l'abbaye de Coulombs, et ses troupes dans le bourg et les hameaux voisins. Ils y séjournèrent huit jours. Après la prise de la ville, l'abbaye fut pillée; les titres qui y étaient restés furent brûlés et les moines contraints à payer une forte rançon. Avant l'arrivée de l'armée, les religieux avaient pris deux précautions pour sauver les titres les plus précieux. La première avait été d'en envoyer une partie dans un portemanteau au château de Maintenon, château fort pour le temps et qu'on savait ne devoir pas être attaqué. La seconde avait été d'enfermer le surplus dans un tonneau bien relié, et de l'enterrer sous le pavé de l'une des salles de l'abbaye. Les deux précautions réussirent fort mal. Le cheval du domestique qui portait les titres à Maintenon se coucha dans l'eau en traversant la rivière au gué de Villiers. Les titres furent perdus ou fort endommagés. A l'égard de ceux placés dans un tonneau sous le pavé d'une des salles, ils y demeurèrent trois mois. L'humidité de la terre et une inondation qui survint pourrirent ou altérèrent ceux qui y étaient renfermés. C'est de cet accident que proviennent les défectuosités d'un certain nombre de feuillets du grand et du petit cartulaire. Peu de temps avant le pillage par les soldats du maréchal de Biron, l'abbaye de Coulombs avait éprouvé un pareil traitement de la part d'un chef de bande des troupes gasconnes, appelé Marigny.

Le maréchal de Biron confia le gouvernement de la ville et du château de Nogent au sieur de Béthune, qui a été ensuite le célèbre duc de Sully. Béthune maintint la place dans l'obéissance, et de là il faisait des courses fréquentes du côté de Dreux, dont les habitants s'étaient déclarés pour le parti de la ligue.

Henri IV ayant gagné, le 14 mars, la bataille d'Ivry, vint assiéger la ville et le château de Dreux le lendemain des fêtes de la Pentecôte 1593. Il y éprouva la plus vive défense de la part des habitants et de la garnison ; mais le château capitula le 5 juillet 1593. Avant d'entreprendre ce siége, le roi avait envoyé des partis de son armée dans les environs de la ville de Dreux. Claude, seigneur de la Trimouille et ensuite duc de Thouars, pair de France, conduisait un de ces partis. Il vint se loger à l'abbaye de Coulombs, le 6 février 1592. Ses troupes prirent et emportèrent tout ce qui avait échappé aux précédentes incursions.

La terre de Nogent fut saisie réellement sur Charles-Robert de la Mark, et vendue par décret, le 21 août 1617. Louis de la Mark, marquis de Mauny, issu du mariage de Charles-Robert avec Antoinette de la Tour, fille de Gilles, baron de Limeuil, s'en rendit adjudicataire.

Charles-Robert de la Mark mourut au mois de septembre 1622, âgé de quatre-vingt-quatre ans.

Le roi Henri IV, par un brevet du 19 septembre 1606, après le décès de Renaud de Beaune, donna l'abbaye de Coulombs à M. le duc de Sully, à la charge d'en faire pourvoir un sujet capable. Le duc de Sully plaça le titre sur la tête d'un ecclésiastique nommé Cotton, pour lequel il obtint des bulles en cour de Rome, et sous le nom duquel il a joui de tous les revenus jusqu'en 1614. Pendant tout le temps qu'a duré sa jouissance, il affermait tous les revenus en blé, et jamais en argent; son receveur lui rendait compte chaque année de la quantité du blé dont il avait fait la recette, de la quantité qu'il avait vendue, et de celle qui restait dans les greniers. Lorsque les affaires de M. de Sully ne lui permettaient pas de venir lui-même arrêter les comptes de son receveur, il donnait cette commission à Rachel de Cochefilet, son épouse. Mais le duc de Sully, après sa retraite de la cour, vendit l'abbaye de Coulombs à M. le prince de Condé, moyennant la somme de 80,000 livres.

Les habitants de Nogent et de Coulombs, et tous les voyageurs qui fréquentent le pays, doivent à M. de Sully la communication libre qui est entre Nogent et Coulombs. La ville de Nogent et le bourg de Coulombs sont situés aux côtés opposés d'un vallon marécageux au milieu duquel coule la rivière d'Eure. Le court trajet qui est entre l'un et l'autre lieu était presque impraticable pendant les trois quarts de l'année. M. de Sully en avait éprouvé les incommodités, lorsqu'il avait commandé pour le roi dans la ville de Nogent. Le ministre, convaincu de l'importance de cette communication tant pour le commerce des blés que pour celui de Rouen et de la province du Perche, dont la route pour Paris passait alors par Nogent-le-Roi et Coulombs, fit commencer en 1607 la chaussée de 270 toises de longueur sur 18 de largeur, par laquelle on va librement en tous temps de l'un à l'autre endroit. Au milieu de cette chaussée sont deux grands ponts et plusieurs ponceaux pour l'écoulement des eaux dans les temps d'inondation. L'ouvrage était fait lorsque M. de Sully se retira de la cour en 1611, à l'exception des deux grands ponts, qui n'ont été finis qu'en 1613. Je ne sais si c'est dans le même temps qu'a été construit le pont en pierre qui est au milieu du bourg sur l'ancien lit de la rivière, avant que Louis XIV eût fait faire les travaux dont je parlerai ci-après.

M. le prince de Condé ayant acheté de M. le duc de Sully l'abbaye de Coulombs en 1614, en obtint le don du roi Louis XIII par un brevet du 18 décembre 1614, à la charge d'en faire pourvoir un sujet capable. Le prince en plaça le titre sur la tête d'un nommé Moussart, prêtre du diocèse de Bourges. Le sieur Cotton introduisit une instance au conseil, pour être maintenu dans la possession de l'abbaye ; ce qui n'empêcha pas le prince de renouveler en son nom les baux de l'abbaye. Mais au lieu de suivre la méthode de M. de Sully qui affermait en blé, les gens d'affaires du prince affermèrent toutes les dépendances de l'abbaye en argent. Il n'a plus été possible, depuis cette époque, de trouver des fermiers solvables qui aient voulu affermer en blé. La jouissance de M. le prince de Condé ne fut pas de longue durée ; ce prince avait indisposé la cour contre lui. Le roi nomma, par brevet du 20 juin 1615, à l'abbaye de Coulombs, M. Pierre Habert de Montmort, aumônier de Gaston, duc d'Orléans, et conseiller d'État, à la charge d'une pension de

1,800 livres au profit de Claude de Lorraine. M. Habert fut fait évêque de Cahors en 1627 ; il a joui de l'abbaye de Coulombs jusqu'à son décès, arrivé à Paris, le 27 février 1636.

XXXV. Louis de la Mark, marquis de Mauny, seigneur de Nogent-le-Roi, de 1617 à 1626.

Le marquis de Mauny fut fait chevalier des ordres du roi, le 31 décembre 1619. Il avait épousé Elisabeth Juvénal des Ursins, de laquelle il n'eut point d'enfants.

Le roi Henri III avait créé, par un édit du mois de mars 1587, des siéges d'élections particulières dans des villes du troisième rang, et même dans des bourgs. Il en avait établi plusieurs dans la Beauce, et notamment dans les villes de Nogent-le-Roi et de Gallardon. Les officiers de ces siéges, après avoir éprouvé des alternatives de suppression et de rétablissement, furent supprimés, et ces siéges particuliers furent réunis en 1619 aux principales élections de chaque province. Mais la suppression et la réunion n'eurent leur entier effet que par le décès ou les démissions volontaires des titulaires des offices. C'est ce qui explique pourquoi un particulier de Nogent, décédé en 1627, est qualifié dans son épitaphe, posée dans l'église paroissiale dudit lieu : « conseiller du roi, élu en l'élection particulière de la ville de Nogent-le-Roi. »

En ladite année 1627, le 25 octobre, mourut à Paris, à l'âge de soixante-trois ans, Charles Loyseau, célèbre avocat et très-habile jurisconsulte, dont les ouvrages passeront à la postérité la plus reculée. Il était originaire de Nogent-le-Roi, où ses devanciers avaient rempli différents offices de judicature, soit au bailliage de Nogent, soit à celui de l'abbaye de Coulombs. Il avait rendu hommage, le 29 septembre 1594, à Me Renaud de Beaune, archevêque de Bourges, grand aumônier de France et abbé de Coulombs, des fiefs de la mairie de Rozay, dans la paroisse de Prouais, et de La Noë près Montfort-l'Amaury, mouvants de ladite abbaye. Charles Loyseau a pris dans cet acte la qualité de principal héritier de Renaud Loyseau, son père, maître des requêtes de M. le duc d'Alençon. Il y est dit qu'il a rendu cette foi et hommage, tant pour lui que pour Claude, Catherine et Françoise Loyseau, ses frère et sœurs. Charles Loyseau fut inhumé dans l'église de Saint-Côme, à Paris. A la fin du seizième siècle, les possesseurs des fiefs appelés les mairies dépendant de l'abbaye de Coulombs étaient encore au nombre de cinquante-cinq.

Louis de la Mark, marquis de Mauny, seigneur de Nogent-le-Roi, mourut en 1626.

XXXVI. Nicolas de Bautru, seigneur puis comte de Nogent, de 1628 à 1661.

Élisabeth Juvénal des Ursins, veuve de Louis de la Mark, pour être payée de ses reprises, fit saisir réellement la terre de Nogent, le 24 octobre 1628. Elle fut vendue aux requêtes du palais. Nicolas de Bautru, capitaine des gardes de la porte du roi, s'en rendit adjudicataire.

Nicolas de Bautru était fils de Guillaume, conseiller au grand conseil. Cette famille était originaire d'Anjou. Nicolas ayant fait l'acquisition de la terre de Nogent-le-Roi, la fit ériger en comté pour lui et sa postérité par lettres patentes du mois d'août 1636.

En cette même année, Gaston, duc d'Orléans, dans l'apanage duquel se trouvait l'abbaye de Coulombs, présenta au roi, pour remplir ce bénéfice vacant par suite du décès de Me Habert de Montmort, Me Léonard Goulas, l'un de ses aumôniers, fils d'un secrétaire de ses commandements. Le Pape, sur la nomination du roi, acorda les bulles datées du 7 des ides d'avril 1636. Cet abbé introduisit la congrégation de Saint-Maur dans son abbaye en l'année 1648. Il mourut en 1661.

Nicolas de Bautru, comte de Nogent, mourut au mois de septembre 1661, laissant plusieurs enfants de son mariage avec Marie Coulon, notamment Armand de Bautru, son fils aîné, qui lui succéda.

4.

XXXVII. **Armand de Bautru,** comte de Nogent, de 1661 à 1672.

Armand, qui devint propriétaire de la terre de Nogent par le décès de Nicolas son père, fut capitaine des gardes de la porte du roi, maréchal de camp, lieutenant général de la province d'Auvergne, maître de la garde-robe du roi.

En la même année qu'Armand de Bautru succédait à son père dans le comté de Nogent, Charles d'Harcourt de Beuvron, chevalier de Malte, premier capitaine des gardes de Monsieur, frère unique du roi Louis XIV, était présenté par Monsieur, à cause de son apanage, et nommé par le roi à l'abbaye de Coulombs, après le décès de l'abbé Goulas. Il jouit pendant huit ans de l'abbaye, en vertu d'un arrêt du grand conseil, sans avoir pris de bulles en cour de Rome.

Armand de Bautru fut tué au passage du Rhin en 1672, laissant de son mariage avec Diane-Charlotte de Caumont-Lauzun, plusieurs enfants, entre autres Louis-Armand de Bautru, qui lui succéda dans le comté de Nogent.

XXXVIII. **Louis-Armand de Bautru,** comte de Nogent, de 1672 à 1736.

Louis-Armand de Bautru était fort jeune lorsque la mort glorieuse de son père le fit comte de Nogent, en 1672. En 1678 Charles d'Harcourt de Beuvron ayant donné sa démission, le roi, sur la présentation de M. le duc d'Orléans, nomma à l'abbaye de Coulombs Charles de Seiglière de Boisfranc, fils de l'intendant des finances de Monsieur. Charles de Seiglière était né le 6 novembre 1662 ; il n'était donc âgé que de seize ans lorsqu'il fut pourvu de l'abbaye. Il en prit possession au mois de novembre 1679. Il fit faire quelques réparations et même des augmentations à la maison abbatiale, mais environ vingt ans après il fut forcé de l'abandonner pour quelque temps, et les religieux furent également forcés d'abandonner leur monastère (1). Voici à quelle occasion : on proposa en 1684 au roi Louis XIV

(1) Extrait du *Livre des choses notables chez MM. les Religieux.*

le projet de faire conduire à Versailles les eaux de la rivière d'Eure. Cette rivière prend sa source dans la province du Perche. On prétendait que son lit, au village de Pontgouin, était élevé de quatre-vingts pieds au-dessus des jardins de Versailles. On promettait pour ces jardins des jets d'eau de quatre-vingts pieds d'élévation. On ne s'effraya ni de la distance de Versailles à l'endroit où il fallait prendre l'eau, distance de plus de vingt lieues, ni des inégalités qui se trouvaient dans cette étendue de terrain, ni des transports immenses de terre qu'il fallait faire, ni des acqueducs à construire dans les vallons entre des montagnes correspondantes. On fit envisager à Louis XIV un motif d'utilité publique dans ces travaux. On lui persuada qu'on perfectionnerait la navigation de la rivière d'Eure, et sous ce second point de vue il fut décidé, contre l'avis de M. de Vauban, qu'on ferait un nouveau lit à la rivière d'Eure, depuis Maintenon jusqu'au-dessous de Coulombs, dans une distance d'une lieue et demie. Tous ces travaux furent commencés au mois de mars 1685. On y employa des troupes jusqu'au nombre de plus de trente mille hommes. On éleva pour la conduite de l'eau une montagne factice de terres transportées, qui allait toujours en dégradant jusqu'à Maintenon, avec des puisards à chaque point de dégradation, dans lesquels l'eau devait se précipiter et acquérir de l'accélération par ces cascades. On construisit dans le vallon de Maintenon, entre les deux montagnes opposées qui le bordent, un acqueduc de cinquante-deux arches de 30 pieds de largeur, sur près de 100 pieds d'élévation pour celles qui sont au milieu du vallon. D'un autre côté, on creusa un nouveau lit à la rivière depuis Maintenon jusqu'au-dessous de Coulombs, avec des portes à bateau pour la navigation. La maladie survint. Les maisons de Maintenon ne furent pas suffisantes pour loger les malades, qui étaient habituellement au nombre de deux mille. Les religieux de Coulombs reçurent ordre, le 8 mars 1686, de sortir de leur monastère pour en faire un hôpital. Leurs bâtiments ne suffisant pas, on construisit des baraques en bois dans leur jardin. Les logements étant encore insuffisants, on prit au mois de juillet suivant la maison abbatiale pour servir de supplément à l'hôpital. Enfin, après des pertes immenses en hommes et en argent, on s'aperçut que dans la construction de l'acqueduc de Maintenon, l'entrepreneur avait manqué le niveau, et que les travaux qui restaient à faire dans les douze lieues de Maintenon à Versailles exigeaient des dépenses considérables. Survint encore la guerre de 1688. Les travaux furent abandonnés. Les religieux de Coulombs reçurent, le 13 mars 1689, la permission de rentrer dans leur monastère, et depuis l'époque de ces travaux la rivière d'Eure a cessé d'être navigable.

C'est du temps de l'abbé de Seiglière de Boisfranc qu'a été construite l'église paroissiale de Coulombs, dans l'emplacement où on la voit aujourd'hui. Au commencement du quinzième siècle et dans les temps antérieurs, l'église de l'abbaye servait en même temps d'église paroissiale. Le curé avait un autel et les religieux en avaient un autre. L'église tenait à l'ancienne tour où sont les cloches, et le portail d'entrée de cette ancienne église subsiste encore. Le cimetière était derrière l'église et à côté. Lorsque l'abbé et les religieux eurent édifié la partie de la nouvelle église qu'on voit aujourd'hui, et qu'ils eurent commencé, en 1530, à y célébrer le service divin, ils abandonnèrent l'ancienne église à la paroisse. Mais, à la fin du dernier siècle, ils jugèrent à propos d'éloigner l'église paroissiale et le cimetière. Ils firent l'acquisition en 1689 de plusieurs maisons dans le terrain occupé aujourd'hui par l'église paroissiale, le cimetière, la maison et le jardin du curé. Ils firent construire tous les bâtiments à leurs frais. L'église fut finie en 1700 et bénite le 15 janvier 1701.

Le 20 février 1711, il y eut une inondation extraordinaire à Coulombs par la fonte des neiges. L'eau couvrit le rez-de-chaussée de tous les lieux réguliers ; elle monta dans l'église jusqu'à la dernière marche de l'autel, et dans le cloître à une élévation de deux pieds et demi. Les jardins de l'abbaye étaient un étang. L'eau demeura pendant six jours à cette hauteur. On ne pouvait sortir des maisons du bourg qu'à cheval, et l'on portait en bateau le blé au marché de Nogent.

Louis-Armand de Bautru mourut dans l'année 1736, laissant pour héritière une fille légitimée par un mariage subséquent.

XXXIX. **Henriette-Emilie de Bautru,** comtesse de Nogent, de 1736 à 1747.

Henriette Émilie, fille de Louis-Armand de Bautru, comtesse de Nogent en 1736, épousa en 1742 Louis, marquis de Melun.

En cette année 1742, le 27 février, l'abbé de Seiglière de Boisfranc mourut après avoir possédé l'abbaye de Coulombs pendant près de soixante-trois ans Le roi nomma au mois d'avril de ladite année, pour lui succéder, Charles-Vincent de Salabéry, conseiller-clerc en la grand'chambre du parlement. Le nouvel abbé de Coulombs fit faire en 1743 une réforme dans la distribution de l'aumône générale de l'abbaye. Il y avait une quantité de blé affectée à cette aumône, qui était consommée le jour du jeudi saint par une distribution de pain qu'on faisait à tous ceux qui se présentaient; et on y venait de trois et quatre lieues à la ronde. L'abbé de Salabéry fit rendre, le 4 mars 1743, un arrêt du parlement qui supprima cette aumône, et qui ordonna qu'à compter de la veille de la Toussaint jusqu'à la Pentecôte, on distribuerait le lundi de chaque semaine aux chefs des familles pauvres du bourg et de la paroisse de Coulombs, une quantité de livres de pain proportionnée au nombre d'individus dont les familles étaient composées. C'est M. l'abbé de Salabéry qui a fait faire par le sieur Carpentier, célèbre architecte de Paris, la distribution des appartements et les compar timents du jardin de la maison abbatiale. Il a fait faire aussi la belle promenade qu'on appelle la Digue, le long de la rivière d'Eure, et il l'a fait planter au mois de décembre 1746.

L'année suivante, 1747, la terre de Nogent fut saisie par les créanciers et vendue par décret forcé. Feu M. le maréchal duc de Noailles s'en rendit adjudicataire.

XL. **Adrien-Maurice,** duc de Noailles, pair et maréchal de France, comte de Nogent, de 1747 à 1766.

La *Gazette de France*, en annonçant la mort du maréchal de Noailles, arrivée le 24 juin 1766, dans la quatre-vingt-huitième année de son âge, a dit qu'il a servi pendant soixante-quatorze ans le roi dans ses conseils, dans les négociations et dans les armées, qu'en toute occasion il s'est distingué par ses lumières, son zèle, son désintéressement et sa capacité. Nous ajouterons qu'il a été le protecteur de ses vassaux, et le père des pauvres de ses terres. Il a augmenté l'ancienne dotation de l'Hôtel-Dieu de Nogent; il y a appelé les sœurs de la congrégation de Nevers, dont il a payé les pensions, pour avoir soin des malades et des infirmes qui y sont reçus. M. le maréchal de Noailles, son fils, digne héritier des sentiments de l'auteur de ses jours, continue cette bonne œuvre.

M. l'abbé de Salabéry étant mort le 21 janvier 1761, Me Léonard de Sahuguet d'Espagnac, conseiller en la grand'-chambre du parlement, rapporteur des affaires de la cour, fut nommé à l'abbaye de Coulombs.

COMPLÉMENT AUX MÉMOIRES

DE Mᶦʳᵉ DE SAHUGUET D'ESPAGNAC,

ABBÉ DE COULOMBS.

XLI. **Louis,** duc de Noailles, pair et maréchal de France, comte de Nogent, de 1766 à 1793.

Louis, duc de Noailles, né à Versailles, le 21 avril 1713, recueillit la terre de Nogent-le-Roi en 1766, par les partages de la succession paternelle, et la transmit à son fils, le duc d'Ayen. Il mourut sur l'échafaud en 1793, après avoir marqué par des bienfaits son séjour dans sa terre de Nogent-le-Roi.

XLII. Alexis de Noailles, duc d'Ayen, dernier seigneur de Nogent-le-Roi, en 1793.

Alexis de Noailles, duc d'Ayen, fut le dernier seigneur de Nogent-le-Roi ; il mourut en 1824 sans enfant mâle. Cette seigneurie fut enlevée à l'illustre maison de Noailles, à la mort du maréchal Louis, en 1793 ; elle fut confisquée comme bien national sur le duc d'Ayen, son fils, et madame de Tessé, sa fille, puis elle fut vendue à des particuliers qui firent démolir le château, et revendirent par parcelles les domaines qui en dépendaient, notamment le parc de cent arpents environ. Le marquis de Noailles, frère cadet du duc d'Ayen, étant sorti de prison à la mort de Robespierre, put recueillir une certaine portion de l'héritage de son père, le maréchal de Noailles : mais le château et la seigneurie de Nogent avaient été compris dans la part de la nation, sauf trois fermes, deux situées sur la commune d'Ormoy, et la troisième à Vacheresses. Ces trois fermes sont encore aujourd'hui la propriété de M. le duc de Noailles, membre de l'Académie française. Le pays nogentais s'étend jusqu'aux portes de Maintenon ; il apprécie dignement les heureux effets de ce voisinage, et s'enorgueillit de retrouver dans l'illustre châtelain de Maintenon un noble descendant de ses derniers comtes.

M. l'abbé d'Espagnac fut un des bienfaiteurs de Coulombs. Il établit de nouveaux chemins et fit réparer ceux qui existaient déjà. Il fonda au bourg de Coulombs un hospice dans lequel il devait y avoir deux religieuses et quatre lits pour les malades de la paroisse. Pour l'entretien de cet hospice, il avait constitué une rente annuelle de 3,000 livres. Mais l'abbé d'Espagnac étant décédé peu de temps après cette fondation, le bâtiment qu'il faisait alors construire ne put être achevé que par les soins généreux de ses héritiers. La révolution arriva, et en privant cet établissement de bienfaisance des deux tiers de son revenu, elle détruisit tout espoir de le maintenir. Les mille livres restant de la fondation sont maintenant distribuées aux pauvres à domicile.

M. l'abbé d'Espagnac mourut à Paris le 21 juillet 1781, à l'âge d'environ soixante-douze ans. Son corps, d'après le désir qu'il en avait manifesté, fut transféré à Coulombs et inhumé dans l'église de l'abbaye. En 1814 l'abbaye ayant été de nouveau vendue par M. le marquis de Préaulx, neveu de M. de Sansé, premier acquéreur, les dépouilles de l'abbé d'Espagnac furent, par les soins de M. Amas, curé desservant de Coulombs, transférées dans le chœur de l'église paroissiale, en même temps que celles de Jacques de Brezé, de sa femme Charlotte de France, fille de Charles VII et d'Agnès Sorel, dans la chapelle des fonts baptismaux.

Cette translation et inhumation des restes du fameux Jacques de Brezé, de Charlotte de France, sa femme, et du bienfaisant abbé d'Espagnac se fit le 13 mars de l'année 1816.

A l'abbé d'Espagnac succéda en 1782 M. de Saint-Antoine; mais il ne jouit pas longtemps de son bénéfice, l'abbaye ayant été supprimée en 1790.

Aujourd'hui le château de Nogent et l'abbaye de Coulombs n'existent plus; mais le voyageur philosophe, artiste ou archéologue va encore visiter leurs ruines.

FIN.

APPENDICE I.

INDICATION DES CHARTES, SERVANT DE PREUVES A CES MÉMOIRES, QUI
ONT ÉTÉ IMPRIMÉES DANS DIFFÉRENTS OUVRAGES.

Années.

1028. — Charte de la restauration de l'abbaye de Coulombs, t. VIII,
de la *Gallia Christiana*, aux Preuves, col. 927; et *Recueil des historiens de France*, t. X, p. 617.

1032. — Donation par le roi Henri Ier à Imbert, évêque de Paris,
et à son église de la petite abbaye de Saint-Germain en
Laye, au *Recueil des historiens de France*, t. XI,
p. 567.

— — Donation par Imbert, évêque de Paris, et par son chapitre, à l'abbaye de Coulombs, de la même petite abbaye de Saint-Germain en Laye. *Collection du P. Martenne*, t. 1er, col. 417.

1059. — Charte du roi Henri Ier par laquelle il confirme la donation
faite à l'abbaye de Coulombs, de la petite église de Ville-
meux. *Collection du P. Martenne*, t. 1er, col. 448. *Recueil des historiens de France*, t. XI, p. 604.

1067. — Charte de fondation du prieuré de Saint-Côme près Meulan.
Collection du P. Martenne, t. 1er, col. 471.

1119. — Charte par laquelle le roi Louis le Gros confirme un traité
fait entre le chapitre de Meung, diocèse d'Orléans, et
l'abbaye de Coulombs. *Collection du P. Martenne*,
t. 1er, col. 652. *Usages des fiefs*, de Brussel, t. 1er, p. 394.

1122. — Charte par laquelle Louis le Gros abandonne le projet de
faire construire une forteresse à Charlevanne. *Collection
du P. Martenne*, t. 1er, col. 678.

1125. — Charte par laquelle Louis le Gros confirme la donation faite
à l'abbaye de Coulombs, entres autres de la terre de Faverolles. *Collection du P. Martenne*, t. 1er, col. 685.

1133. — Charte de fondation du prieuré de la Madeleine de Mantes.
Gallia Christiana, t. VIII, aux Preuves, col. 328.

1212. — Donation faite par Philippe-Auguste à Robert de Courtenay,
de la terre de Conches. *Gallia Christiana*, t. VIII, aux
Preuves, col. 1108.

1223. — Charte par laquelle Philippe-Auguste fonde une chapelle à
Saint-Germain en Laye, et charge les moines de Coulombs, résidant au prieuré de Saint-Germain en Laye, de
la desservir. *Gallia Christiana*, t. VIII, aux Preuves,
col. 1175.

1232. — Charte par laquelle le roi saint Louis charge les moines de

Années.

Coulombs de la desserte de la chapelle de son château de Nogent.

1318. — Lettres-patentes par lesquelles le roi Philippe le Long cède à Louis, comte d'Évreux, les terres de Nogent, Anet, Montchauvet et Bréval. *Histoire civile du comté d'Evreux*, aux Preuves, p. 42.

1427. — Lettres patentes de Henry VI, roi d'Angleterre, au sujet d'une relique de l'abbaye de Coulombs. *Ibid.*, col. 389 et 398.

1440 et 1444. Décret d'union de l'abbaye de Sainte-Gemme à celle de Coulombs. *Ibid.*, col. 393 et 401.

APPENDICE II.

TABLE CHRONOLOGIQUE DES SEIGNEURS DE NOGENT LE ROI.

1 Le comte Hugues, dit l'*Abbé*	de 950 à	986
2 Roger, évêque de Beauvais	de 986 à	1022
3 Odolric, évêque d'Orléans	de 1022 à	1035
4 Isambert	de 1035 à	1040
5 Hugues Bardulphe	de 1040 à	1059
6 Geoffroy et Hugues	de 1059 à	1060
7 Élisabeth de Broyes et Simon de Montfort	de 1060 à	1062
8 Simon de Montfort	de 1062 à	1080
9 Amaury de Montfort	de 1080 à	1090
10 Élisabeth de Montfort et Raoul de Toësny	de 1090 à	1112
11 Raoul de Toësny, second du nom	de 1112 à	1120
12 Roger de Toësny,	de 1120 à	1150
13 Raoul de Toësny, troisième du nom	de 1150 à	1188
14 Roger de Toësny	de 1188 à	1200
15 Louis, comte de Blois et de Chartres	de 1200 à	1205
16 Thibault VII, comte de Blois et de Chartres	de 1205 à	1218
17 Philippe-Auguste, roi de France	de 1218 à	1223
18 Louis VIII, Cœur de Lion	de 1223 à	1226
19 Le roi saint Louis	de 1226 à	1270
20 Philippe III, le Hardi	de 1270 à	1285
21 Marie de Brabant, reine douairière	de 1285 à	1321
22 Philippe le Bon, dit *le Sage*, comte d'Évreux, puis roi de Navarre	de 1321 à	1343
23 Jeanne, reine de Navarre	de 1343 à	1349
24 Charles le Mauvais, roi de Navarre	de 1349 à	1386
25 Charles III, dit le Noble, roi de Navarre	de 1386 à	1404
26 Charles VI, roi de France	de 1404 à	1422

<table>
<tr><td>27 Charles VII, roi de France</td><td>de 1422 à 1445</td></tr>
<tr><td>28 Pierre de Brezé</td><td>de 1445 à 1465</td></tr>
<tr><td>29 Jacques de Brezé</td><td>de 1465 à 1494</td></tr>
<tr><td>30 Louis de Brezé</td><td>de 1494 à 1531</td></tr>
<tr><td>31 Françoise de Brezé</td><td>de 1531 à 1574</td></tr>
<tr><td>32 Henri-Robert de la Mark</td><td>en 1574</td></tr>
<tr><td>33 Guillaume-Robert de la Mark</td><td>de 1574 à 1588</td></tr>
<tr><td>34 Charles-Robert de la Mark</td><td>de 1588 à 1617</td></tr>
<tr><td>35 Louis de la Mark</td><td>de 1617 à 1626</td></tr>
<tr><td>36 Nicolas de Bautru (comte de Nogent)</td><td>de 1628 à 1661</td></tr>
<tr><td>37 Armand de Bautru, comte de Nogent</td><td>de 1661 à 1672</td></tr>
<tr><td>38 Louis-Armand de Bautru, id.</td><td>de 1672 à 1736</td></tr>
<tr><td>39 Henriette-Émilie de Bautru</td><td>de 1736 à 1747</td></tr>
<tr><td>40 Adrien-Maurice de Noailles</td><td>de 1747 à 1766</td></tr>
<tr><td>41 Louis de Noailles</td><td>de 1766 à 1793</td></tr>
<tr><td>42 Alexis de Noailles, duc d'Ayen</td><td>en 1793</td></tr>
</table>

APPENDICE III.

TABLE CHRONOLOGIQUE DES ABBÉS DE COULOMBS.

<table>
<tr><td>1 Le comte Hugues, dit l'Abbé, seigneur de Nogent et de l'abbaye.
2 Roger.</td><td>de 950 à 1022</td></tr>
<tr><td>3 Bérenger, 1er abbé régulier tiré de Marmoutiers ainsi que ses religieux par Odolric</td><td>de 1026 à 1047</td></tr>
<tr><td>4 Geoffroy</td><td>de 1047 à 1063</td></tr>
<tr><td>5 Robert</td><td>de 1063 à 1078</td></tr>
<tr><td>6 Thibault</td><td>de 1078 à 1090</td></tr>
<tr><td>7 Gauthier</td><td>de 1090 à 1091</td></tr>
<tr><td>8 Étienne</td><td>de 1091 à 1102</td></tr>
<tr><td>9 Ingulphe</td><td>de 1102 à 1105</td></tr>
<tr><td>10 Thorold</td><td>de 1105 à 1115</td></tr>
<tr><td>11 Herbert</td><td>de 1115 à 1118</td></tr>
<tr><td>12 Roger</td><td>de 1119 à 1174</td></tr>
<tr><td>13 Humbert</td><td>de 1174 à 1181</td></tr>
<tr><td>14 Alerme</td><td>de 1181 à 1186</td></tr>
<tr><td>15 Thibault II</td><td>de 1186 à 1217</td></tr>
<tr><td>16 Henri</td><td>de 1217 à 1221</td></tr>
<tr><td>17 Robert II</td><td>de 1221 à 1235</td></tr>
<tr><td>18 Otran</td><td>de 1235 à 1238</td></tr>
<tr><td>19 Simon</td><td>de 1238 à 1250</td></tr>
</table>

20 Pierre..................................... de 1256 à 1260
21 Jacques................................... de 1260 à 1280
22 Manasserus............................... de 1280 à 1306
23 Pierre II................................. de 1307 à 1321
24 Robert III, d'Ivry....................... de 1321 à 1330
25 Jean...................................... de 1330 à 1349
26 Gauthier II.............................. de 1350 à 1367
27 Jean II, dit *Fuller*.................... de 1367 à 1380
28 Jean III, dit *du Lac*................... de 1380 à 1400
29 Martin de Ronceray....................... de 1400 à 1438
30 Ferrand de Monstereuil................... de 1438 à 1442
31 Jean IV, dit l'*Amirault*................ de 1442 à 1465
32 Étienne II, dit *Berthier*............... de 1465 à 1490
33 Gratien, dit *de Courcelles*............. de 1490 à 1503
34 Guillaume, dit *de Hargeville*........... de 1503 à 1515
35 Mille d'Illiers, 1er abbé commendataire...... de 1518 à 1526
36 Louis de Bourbon, 2e abbé commendataire... de 1526 à 1528
37 Pie de Savoie, 3e abbé commendataire...... de 1528 à 1540
38 Cardinal Gaddi 4e abbé commendataire...... de 1540 à 1547
39 Étienne de Brezé, 5e abbé commendataire.... de 1547 à 1561
40 Martin de Beaune, 6e abbé commendataire. de 1561 à 1577
41 J.-B. Tiercelin de la Roche du Maine, 7e abbé
    commendataire .... de 1577 à 1587
42 Renaud de Beaune, 8e abbé commendataire. de 1587 à 1606
43 Cotton, abbé (duc de Sully, détenteur de l'ab-
    baye)..................................... de 1606 à 1614
44 Moussart, abbé (Henri II de Bourbon, prince
    de Condé, détenteur de l'abbaye).......... de 1614 à 1615
45 Pierre Habert de Montmort, 11e abbé commen-
    dataire................................... de 1615 à 1636
46 Léonard Goulas (1648, congrégation de Saint-
    Maur introduite).......................... de 1636 à 1661
47 Charles d'Harcourt de Beuvron, 13e abbé com-
    mendataire................................ de 1661 à 1678
48 Charles de Seiglière de Boisfranc, 14e abbé
    commendataire............................. de 1678 à 1742
49 Charles-Vincent de Salabéry, 15e abbé com-
    mendataire................................ de 1742 à 1761
50 Léonard de Saluguet d'Espagnac, 16e abbé com-
    mendataire................................ de 1761 à 1781
51 de Saint Antoine, 17e abbé commendataire... de 1782 à 1790

———

CANTON DE NOGENT-LE-ROI.

LISTE DES SOUSCRIPTEURS.

NOGENT-LE-ROI.

MM.

1 Mesquite, *maire de la ville.*
2 Radais, *curé doyen.*
3 Madame Davout, *directrice des postes.*
4 Madame veuve Glin, *propriétaire.*
5 Madame Mazières, *propriétaire.*
6 Alfont-Louchard, *mercier.*
7 Allais (Jacques), *propriétaire.*
8 Ancelle, *propriétaire.*
9 Auguste (Achille), *gendarme.*
10 Avard-Guillery, *journalier.*
11 Baron, *vétérinaire.*
12 Baublon (Alexis), *propriétaire*
13 Baublion, *horloger.*
14 Baubion, *pépiniériste.*
15 Beaunier, *propriétaire.*
16 Belle, *charcutier.*
17 Belle, *limonadier.*
18 Belle-Curot, *propriétaire.*
19 Belle-Hubert, *tambour de ville.*
20 Binet, *propriétaire.*
21 Bled, *propriétaire.*
22 Brière, *menuisier.*
23 Brillot, *charpentier.*
24 Brillot (Hector), *coiffeur.*
25 Chemin, *charron.*
26 Dablin, *propriétaire.*
27 Dablin-Denis, *propriétaire.*
28 Delaval (Fulgence), *écolier.*

MM.

29 Drouard, *boulanger.*
30 Fantillon, *jardinier.*
31 Foucault, *propriétaire.*
32 Fraboulet, *serrurier.*
33 Garnier, *élève de l'École normale.*
34 Gasse, *taillandier.*
35 Gâteau, *marchand grainetier.*
36 Glin, *cordier.*
37 Gouget-Belle, *propriétaire.*
38 Guichard, *propriétaire.*
39 Guillochin (Adolphe), *peintre.*
40 Guillochin (Louis), *peintre.*
41 Houdard, *meunier.*
42 Hubert, *commissaire de police.*
43 Hue, *propriétaire.*
44 Huet, *charcutier.*
45 Huet, *charron.*
46 Huet, *huissier.*
47 Hugon, *maréchal.*
48 Juteau, *boulanger.*
49 Lair, *propriétaire.*
50 Lalandre, *entrepreneur de bâtiments.*
51 Lallemand, *marchand grainetier.*
52 Lavigne, *libraire.*
53 Léchalard, *propriétaire.*
54 Léfebvre, *négociant en nouveautés.*
55 Lejeune, *propriétaire.*

MM.

56 Lesec, *propriétaire.*
57 Marchand, *employé.*
58 Maréchal, *boulanger.*
59 Meunier, *marchand de veaux.*
60 Meunier (Félix), *marchand boucher.*
61 Meunier-Lair, *marchand boucher.*
62 Nadde, *limonadier.*
63 Neveu, *charpentier.*
64 Oudard, *propriétaire.*
65 Pépin, *couvreur.*
66 Petitpas, *aubergiste.*
67 Pichard, *marchand grainetier.*
68 Piquet, *maçon.*
69 Renou, *tonnelier.*
70 Renout, *épicier.*
71 Rolland, *boulanger.*
72 Saint-Aubin, *pharmacien.*
73 Simon, *cafetier.*
74 Téton, *meunier.*
75 Urset, *épicier.*
76 Voyer, *docteur-médecin.*

BOULLAY-MIVOIE.

77 Guillet, *instituteur.*

BOULLAY-THIERRY.

78 Le marquis de Boquestant, *maire.*
79 Doret, *instituteur.*

BOUTIGNY.

80 Peigné, *maire.*
81 Gautier, *curé.*
82 Acacie, *instituteur.*
83 Brandin, *propriétaire.*
84 Drouet, *cultivateur.*
85 Gasse, *taillandier.*
86 Havard, *cultivateur.*
87 Presle, *cultivateur.*
88 Siper, *garde-champêtre.*
89 Vorimore, *propriétaire.*

BRÉCHAMPS.

MM.

90 Beaufils, *cultivateur.*
91 Colin-Léger, *journalier.*
92 Feilleux, *débitant de tabac.*
93 Galerne, *cabaretier.*
94 Guiard (Alph.), *cultivateur.*
95 Guiard (Ern.), *écolier.*
96 Guiard (Eug.), *cultivateur.*
97 Guiard-Lecomte, *garde-moulin.*
98 Laroche, *instituteur.*
99 Lecomte (Eug.), *cultivateur.*
100 Lecomte (Jacq.), *cultivateur.*
101 Lecomte (Vict.), *cultivateur.*
102 Maufrais père, *cultivateur.*
103 Maufrais (Eugène), *cultivateur.*
104 Oudard (Éléonor), *cultivateur.*
105 Paris, *rentier.*
106 Prieur (François), *bûcheron.*
107 Venard (Félix), *cultivateur.*
108 Venard (Louis), *vigneron.*
109 Venard-Foucault, *cabaretier.*
110 Voyer, *cultivateur.*

CHAUDON.

111 De Chevrigny, *maire.*
112 Lamy, *curé.*
113 Dablin, *instituteur.*

COULOMBS.

114 Lhomme, *maire.*
115 Leproust, *curé.*
116 Baron, *propriétaire.*
117 Bosselet (Michel), *meunier.*
118 Brunet (Eugène), *cultivateur.*
119 Brunet (J.-B.), *cultivateur.*
120 Brunet (Louis), *cultivateur.*
121 Chapet, *propriétaire.*
122 Comoy, *cordonnier.*
123 Conté, *tambour de ville.*
124 Daynac, *docteur-médecin.*
125 Dogmont, *propriétaire.*
126 Duchesne, *propriétaire.*
127 Genet, *instituteur.*

MM.

128 Guiard, *garde-champêtre.*
129 Guichard, *cultivateur.*
130 Hamard, *jardinier.*
131 Leclair, *propriétaire.*
132 Léger, *employé.*
133 Legoux père, *propriétaire.*
134 Legoux, *marchand de bois.*
135 Lehuen, *bourrelier.*
136 Loiseau, *propriétaire.*
137 Maillard, *épicier.*
138 Noël, *carrossier.*
139 Paucher, *propriétaire.*
140 Pinet, *propriétaire.*
141 Renou, *tonnelier.*
142 Séguin, *propriétaire.*
143 Thibault, *maçon.*

CROISILLES.

144 Foucher, *instituteur.*

FAVEROLLES.

145 Delanoue, *maire.*
146 Maillard, *instituteur.*
147 Penol, *propriétaire.*

LORMAYE.

148 Caillat, *maire.*
149 Pelletier, *propriétaire.*

NÉRON.

150 Richard, *maire.*
151 Lahaye, *vigneron.*
152 Pipereau, *cultivateur.*
153 Viel, *instituteur.*

ORMOY.

154 Égasse, *maire.*
155 Adrien, *instituteur.*
156 Beslay, *cultivateur.*
157 Collin, *épicier.*
158 Gueux, Eugène, *cultivateur.*
159 Gueux (Octave), *cultivateur.*
160 Léchalard, *cultivateur.*
161 Marchand, *maçon.*

PROUAIS.

MM.

162 Mariette, *maire.*
163 Barbot, *cultivateur.*
164 Baubion, *épicier.*
165 Billard, *cultivateur.*
166 Boulisseau (André), *cultivateur.*
167 Boulisseau (Charles), *cultivateur.*
168 Boulisseau (François), *propriétaire.*
169 Boulisseau (Louis), *cultivateur.*
170 Camus, *propriétaire.*
171 Chevalier, *menuisier.*
172 Dablin, *cultivateur.*
173 Flèche, *maçon.*
174 Lahaye, *propriétaire.*
175 Lelong, *cultivateur.*
176 Lelong-Plan, *propriétaire.*
177 Leroy, *notaire.*
178 Lochereau, *musicien.*
179 Marquis, *instituteur.*
180 Paul, *journalier.*
181 Plisson, *cultivateur.*
182 Robert, *cafetier.*
183 Rousseau, *propriétaire.*
184 Thierrée, *propriétaire.*
185 Vorimore, *cultivateur.*

SAINT-LAURENT-LA-GATINE.

186 Guiard, *chef de cuisine.*
187 Hélie, *instituteur.*

SAINT-LUCIEN.

188 Belle, *propriétaire.*
189 Bétron, *cultivateur.*
190 Brunet, *cultivateur.*
191 Colspeau, *cultivateur.*
192 Fontaine, *garde-champêtre.*
193 Hudde, *cultivateur.*
194 Hude (Alph.), *cultivateur.*
195 Lair, *cultivateur.*
196 Landurier, *propriétaire*
197 Lelong, *cultivateur.*
198 Lemoine, *cultivateur.*

MM.

199 Maurice, *maréchal.*
200 Penelle, *cultivateur.*
201 Thiboust, *instituteur.*
202 Vigneron, *propriétaire.*

Saint-Martin de Nigelle.

203 Foubert, *maire.*
204 Breton, *maréchal.*
205 Duval, *propriétaire.*
206 Fenol, *meulier.*
207 Godard, *cafetier.*
208 Guiard, *garde-moulin.*
209 Guiard, *meulier.*
210 Lecurier. *cultivateur.*
211 Porcher, *vigneron.*
212 Ruimon, *tisserand.*
213 Saint-Pierre, *instituteur.*

Senantes.

214 Égasse, *maire.*
215 Bétron, *cultivateur.*
216 Bousteau (Hippolyte), *cultiva-
    teur.*
217 Bousteau (Louis), *cultivateur.*
218 Davoust, *garde-champêtre.*
219 Gazier, *berger.*
220 Léchalard, *propriétaire.*
221 Léthias, *berger.*
222 Serruau, *instituteur.*
223 Taret, *cultivateur.*

Villemeux.

224 Mademoiselle Breton, *institu-
    trice.*
225 Bellamy, *menuisier.*
226 Besnard, *tailleur.*
227 Brière, *menuisier.*

MM.

228 Compagnon, *propriétaire.*
229 Demesse, *médecin.*
230 Duchesnay, *marchand épicier.*
231 Durand, *instituteur.*
232 Ferrand, *sabotier.*
233 Hélix, *serrurier.*
234 Lavigne, *propriétaire.*
235 Levé, *propriétaire.*
236 Pardonche, *marchand épicier.*

Villiers-le-Morhiers.

237 Courtois, *maire.*
238 Cochepain, *curé.*
239 Baron, *maréchal.*
240 Cochon (François), *propriét.*
241 Cochon (J.-B.), *buraliste.*
242 Coradin, *propriétaire.*
243 Corbin, *meunier.*
244 Corbonnois, *cultivateur.*
245 Gautier, *employé.*
246 Grimoux, *meunier.*
247 Guerrier fils, *meunier.*
248 Guinebault, *cultivateur.*
249 Lalande, *adjoint au maire.*
250 Langlois, *cultivateur.*
351 Mauger, *arpenteur.*
252 Ménager, *vigneron.*
253 Ouaché, *charron.*
254 Petit, *cultivateur.*
255 Poteau, *instituteur.*
256 Rossignol, *militaire retraité,
    chevalier de la Légion d'hon-
    neur.*
257 Rossignol, *vigneron*
258 Rousteau, *domestique.*
259 Travers, *cafetier.*
260 Travers, *sabotier.*